クラブの動きとカラダの動き
別々に考えてみたら、
4つめのパターンが見つかった！

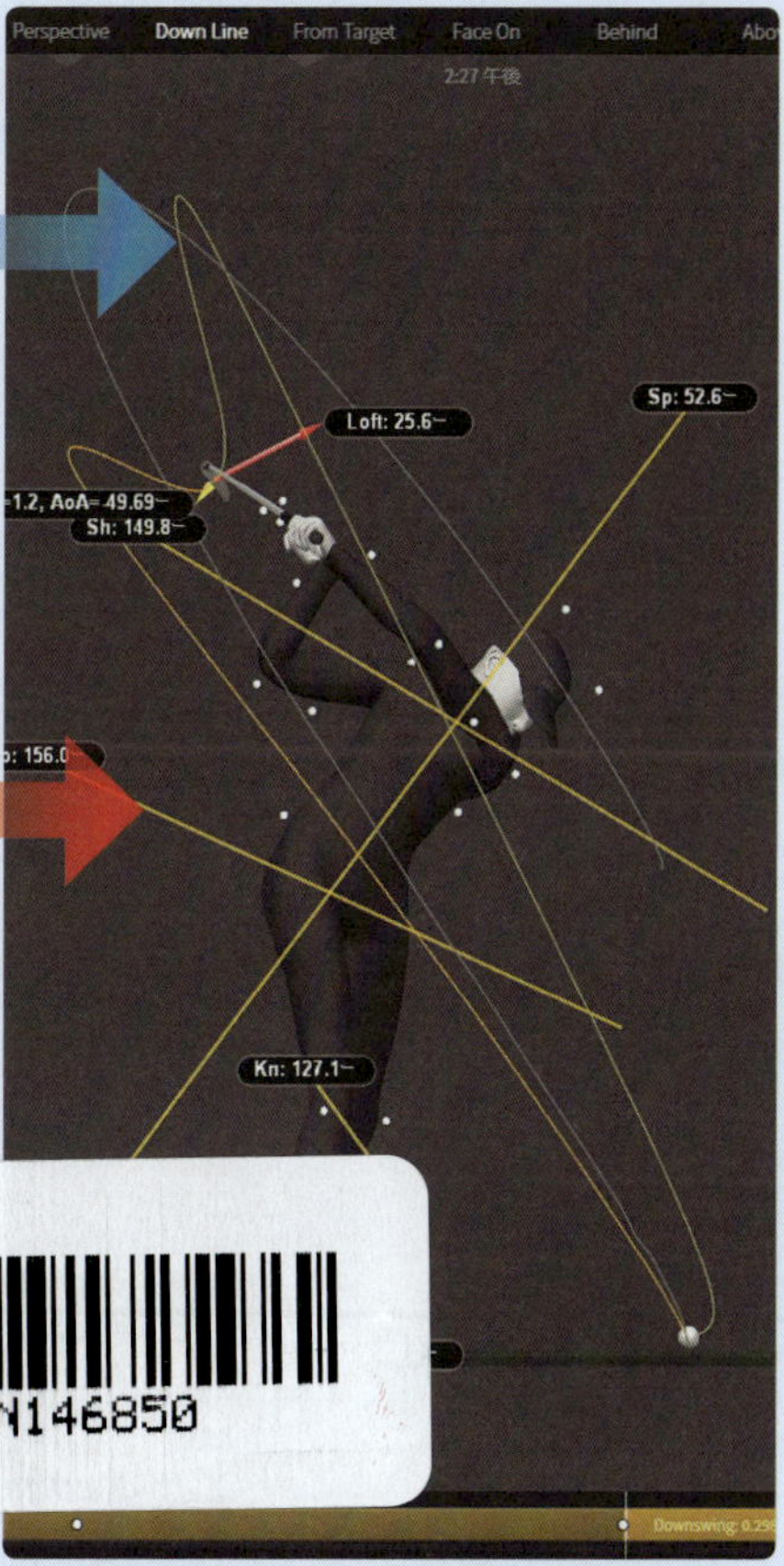

JN146850

悩み続けているゴルファーのほとんどは
「アウトサイド・インはダメ」の呪縛で
3つのパターンの中だけで右往左往している。
しかし、自分がいま3つのパターンのどこにいるかを知れば、
やるべきこと、やるべきでないことが整理できる。
そして、悩み解決の突破口となるかもしれない
4つめのパターンの取り入れ方もわかる。

新しい4つめのパターン

スイングはクラブとカラダの動きの掛け合わせ

カラダの動きとクラブの動きを分けて考えないから
イメージどおり振れない

「クラブがアウトから下りている」ことに気づくところから始まるスイングの迷路。99パーセントのゴルファーは、ここに紹介する3つのパターンの中で悩んでいる。しかし、パターンは実はもう1つある。それを知ればスイングは劇的によくなる!

カラダはオープン × クラブはアウトサイド・イン

パターン①

初心者に多い。「突っ込んでるよ！」とか「外から来てるよ」と指摘されるパターン。ほとんどの人がこのパターンから始まるが、ボールが飛ばないので試行錯誤し、②に移行していく。パターン③から②に戻したつもりが、①まで戻ってくるケースもよく見られる。(→P4-5)

3つのスイングパターンと

パターン②

カラダはクローズ × クラブはアウトサイド・イン

パターン①のときに「カラダが突っ込まないように、胸は右に向けておく」と知り、ダウンスイングで胸や顔を右に向けたままクラブを振ろうとするが、基本的にクラブの動きとしては①と同じ。ボールがつかまるようになるが、右にも左にもミスが出る。
(→P6-7)

パターン③

カラダはクローズ × クラブはインサイド・アウト

パターン②からさらに「クラブをインから下ろす（または寝かす・自然落下させる)」と知り、インサイド・アウトに振ろうとする。距離は出るがヒッカケもプッシュもダフリも出るため、クラブの下ろし方を②に戻しがち。カラダの動きが①に戻ったりもする。
(→P8-11)

99パーセントの人はどれかのパターンでとどまり、問題を抱えながらプレーするか、①→②→③→②または①と試行錯誤しながら、３つのパターンの中でループし続けています。しかし、実は4つめのパターンがあるのです。

プルスライスかヒッカケに悩むパターン①

「カラダはオープン×クラブがアウトサイド・イン」は、デメリットばかりでなくメリットもある

パターン①で出るのはスライスかヒッカケ。飛距離の出ないスライスには「未熟者」的なイメージもあるが、メリットもある。

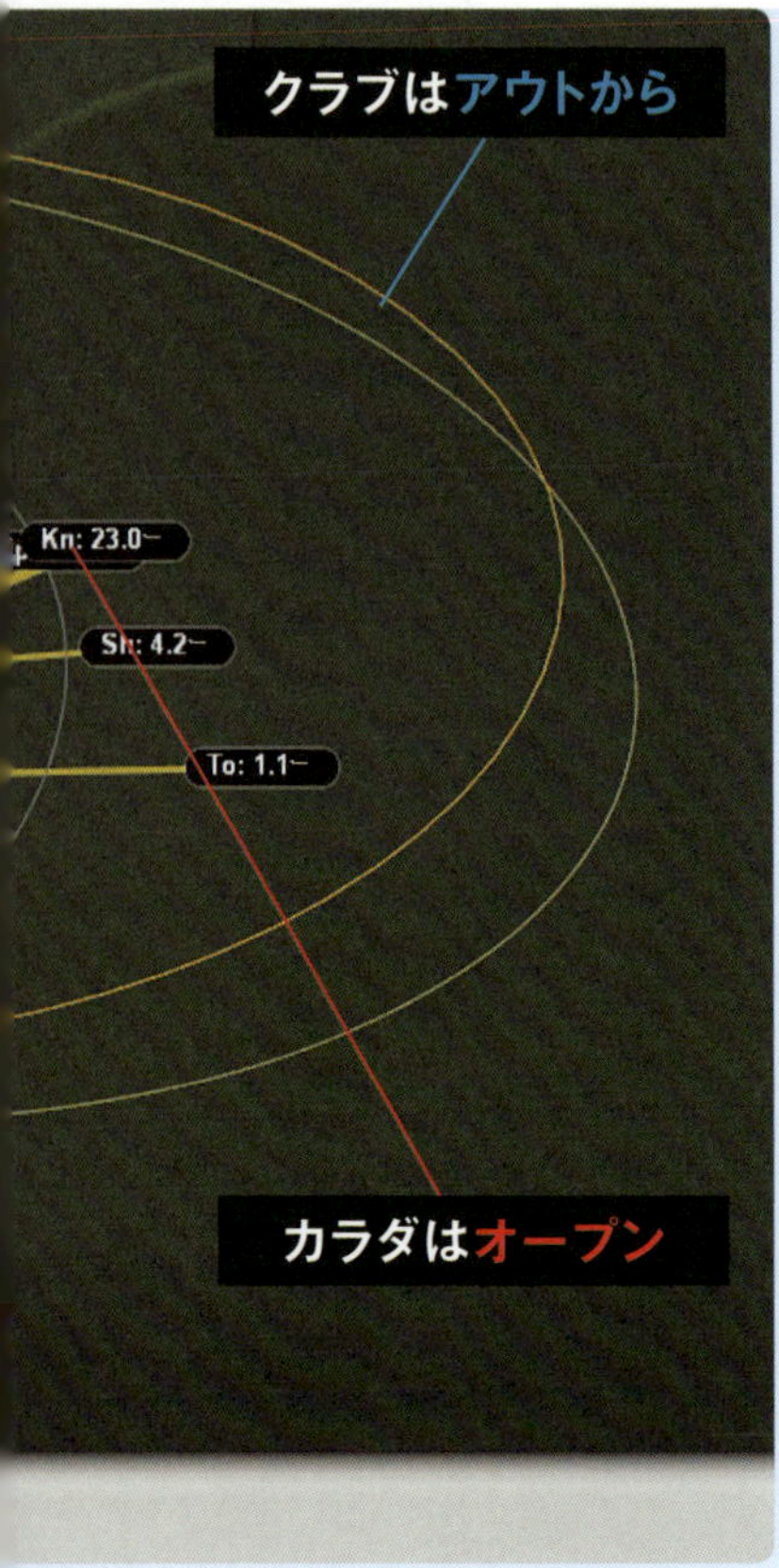

●イメージと実際

クラブを「使う」ためには「振る」ことが必要、と考えると、手でヘッドを戻そうとしてクラブが外から下りてくる。その動きに影響されてカラダは開き、クラブを左に振り抜く。

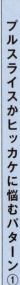

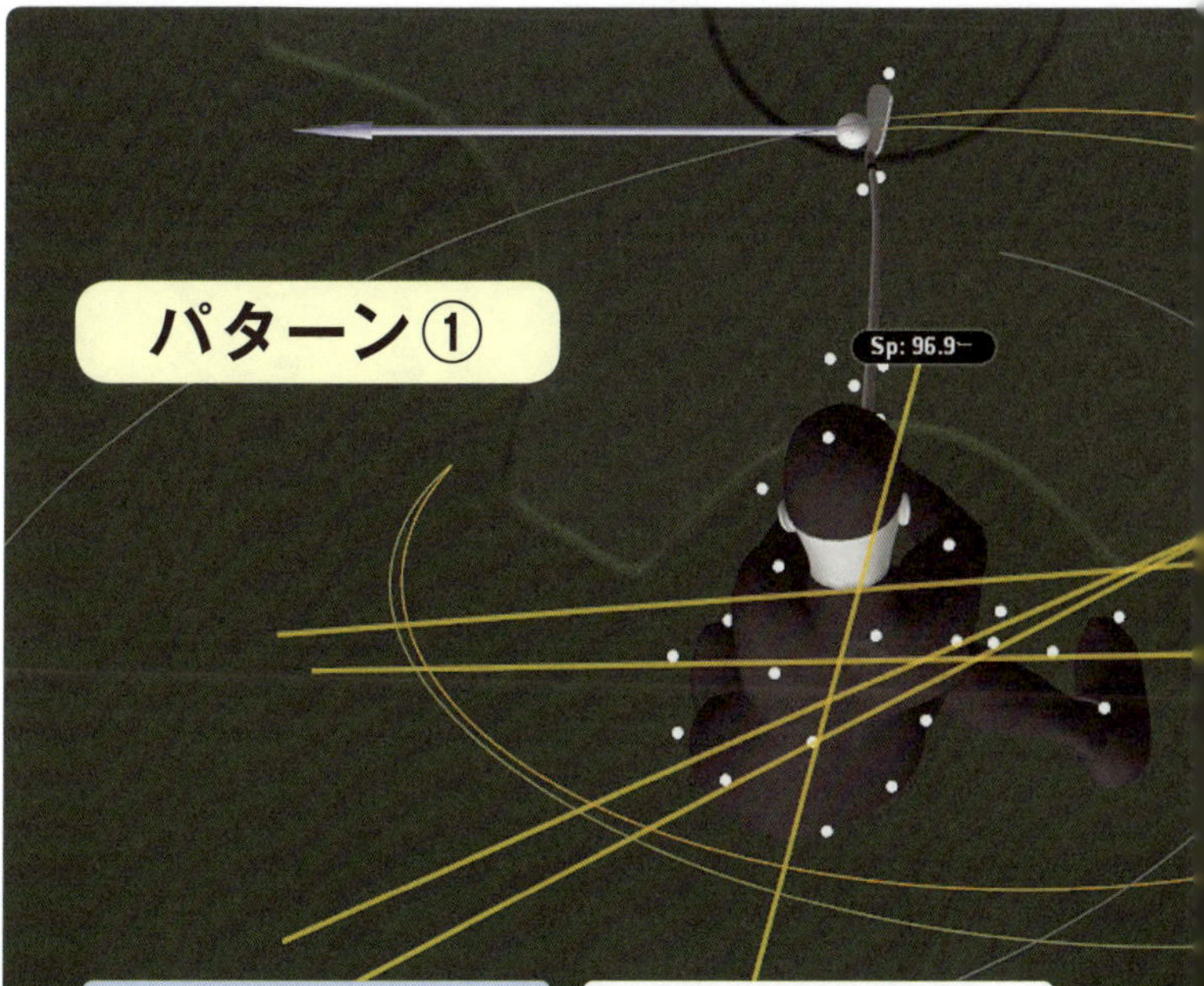

パターン①

●メリット

クラブは外から下りるが、カラダの回転が使えているため、ボールはつかまり、飛距離も出る。軌道の最下点が左になるのでダフリづらくなる（トップはしやすい）。

●打球傾向

左に振り抜くため、基本的に低く左に飛びやすい。それを修正しようとすると左に出て右に曲がるスライス。フェースの向きがインパクトで合えば軽いフェードになる。

●デメリット

クラブが立って下りてくるので、キャスティングしてハンドレートになる。左に低く打ち出すのを嫌うと、フェースを開いたり体重を右に残して打つため、フケ球が出だす。

●よくある対処法

アドレスでターゲットよりも右を向いて構え、ヒッカケをうまく使って対応する。その段階ですでにパターン②に移行するイメージになっていると言える。

チーピンかときどきスライスも出る人はパターン②

「カラダはクローズ×クラブがアウトサイド・イン」でクラブを振ってボールをつかまえ、距離が伸びる

「突っ込む、開く」をNGと考え、胸を右に向けておいて腕でクラブを振る。ボールはつかまるようになるが、チーピンも出だす。

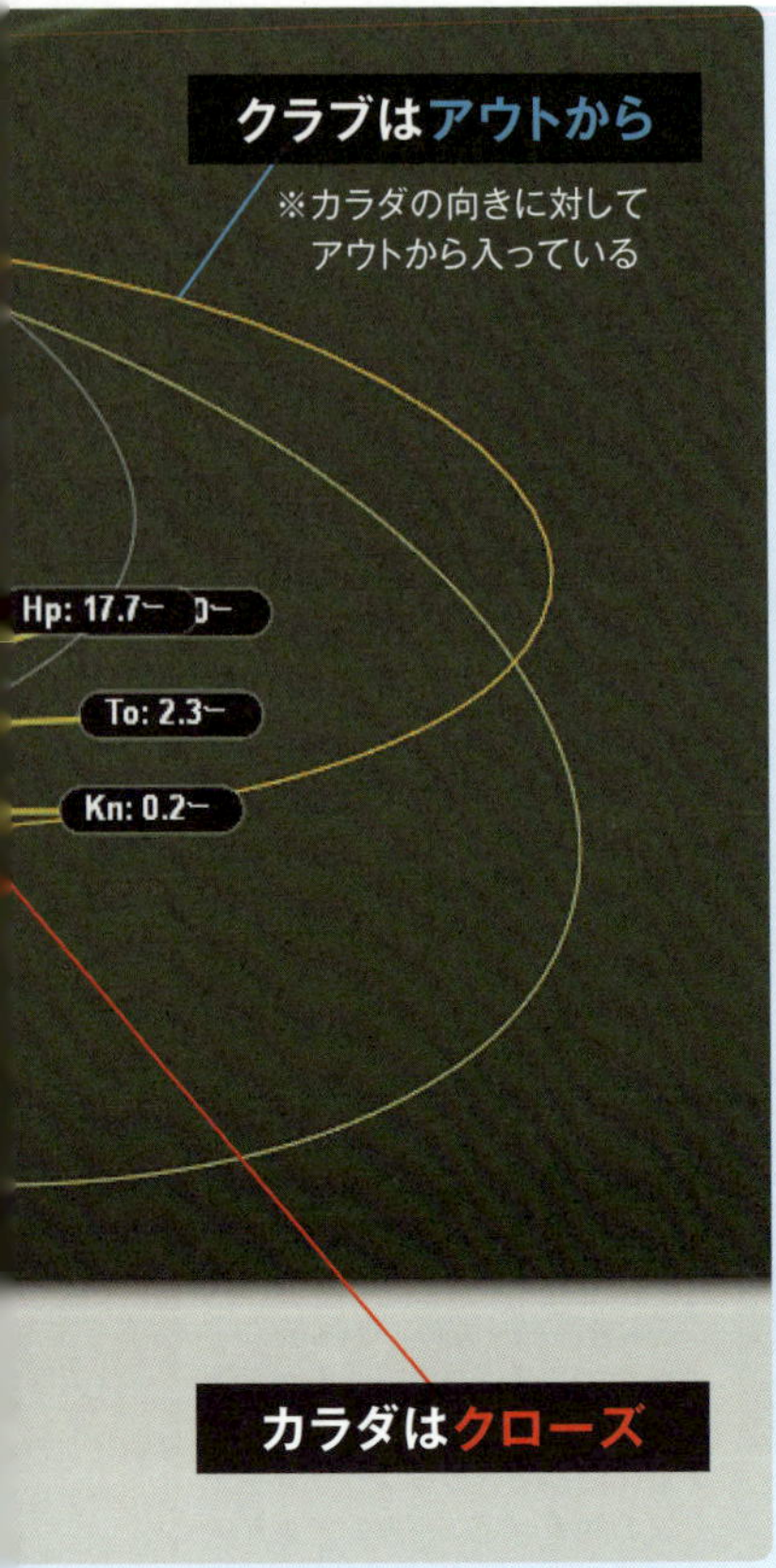

●イメージと実際

「カラダが開くのを防ぐには、カラダを回さなければいい」と考え、胸を右に向けたまま、リストワークでクラブを振る。ボールはつかまり距離が出る。クラブの振り方はパターン①と変わらないため、タイミングが合わないと右にも左にも飛ぶ。

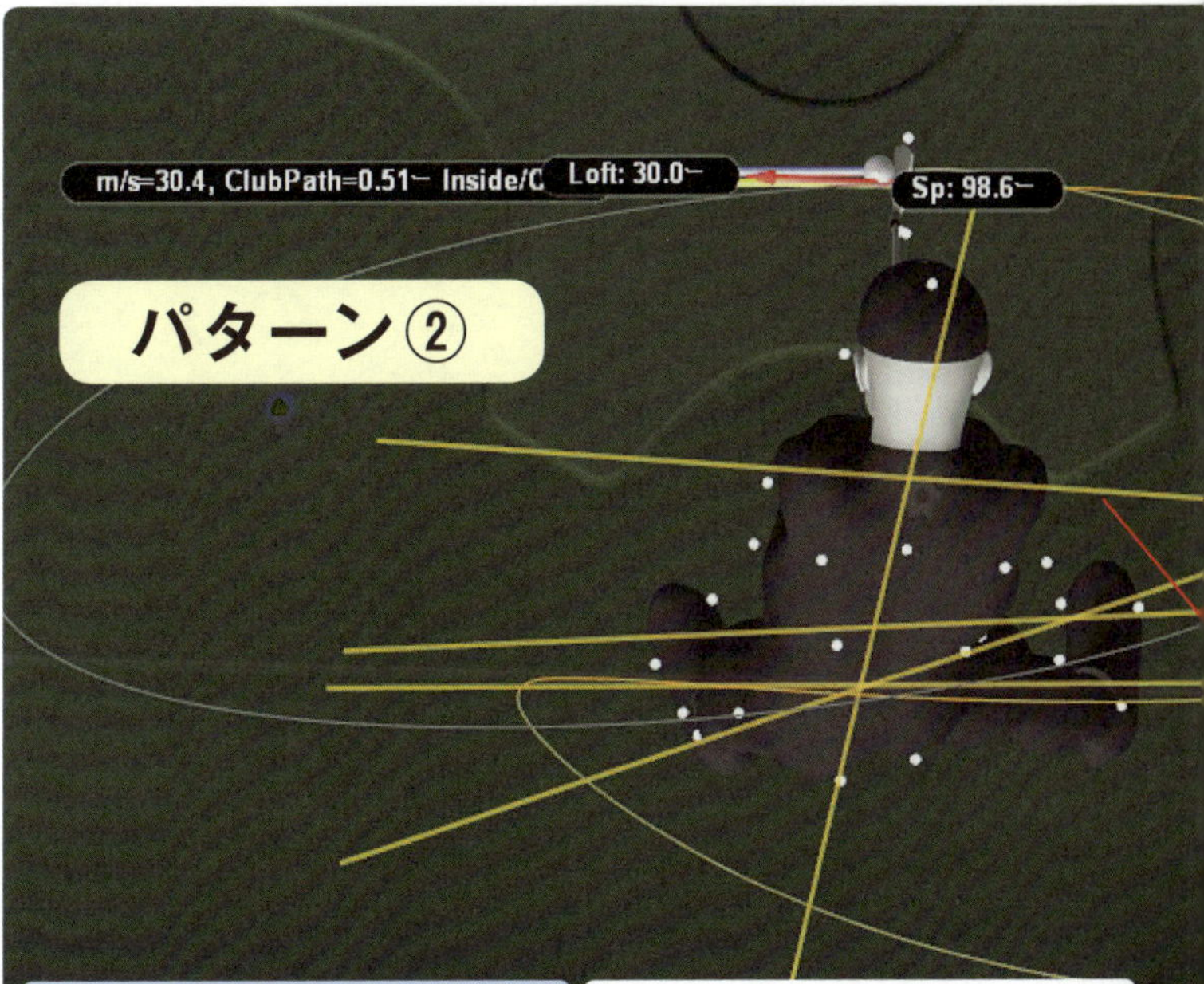

パターン②

●メリット

腕主体でクラブを動かすため、身体的には楽。フェースローテーションを使ってボールをつかまえられる。カラダを右に向けているため、アウトサイド・イン軌道でもインパクトでのクラブの向きが目標方向に近くなる。

●打球傾向

つかまった打球が出るようになる。インパクトの瞬間にフェースが真っすぐ向けば、方向性よく飛ばせる。が、フェースが返りすぎて低いチーピンも出やすい。それを嫌がれば右へスライス。

●デメリット

基本的に腕の力でクラブを振ってインパクトするため、エネルギー効率が悪く飛距離は劣る。インパクトのタイミングを合わせるのがむずかしく、ずれると低いチーピンが出たり、逆に振り遅れによるスライスも出る。

●よくある対処法

インパクトでカラダが開かないように意識しつつ、インパクトゾーンでフェースがスクエアになるタイミングの合わせ方を模索する。まだクラブがアウトから下りてくる傾向が残っているため、インサイド・アウトで振る操作を採用しパターン③へ移行する。

ハイドローも出るがプッシュもチーピンも出るならパターン③

「カラダはクローズ×クラブはインサイド・アウト」は熟練のタイミング勘で飛距離アップをはかれる

パターン②にすることでボールをつかまえられるようになると、さらにカラダをクローズにし、インからインパクトするために切り返しでクラブをインから下ろす操作を入れる。

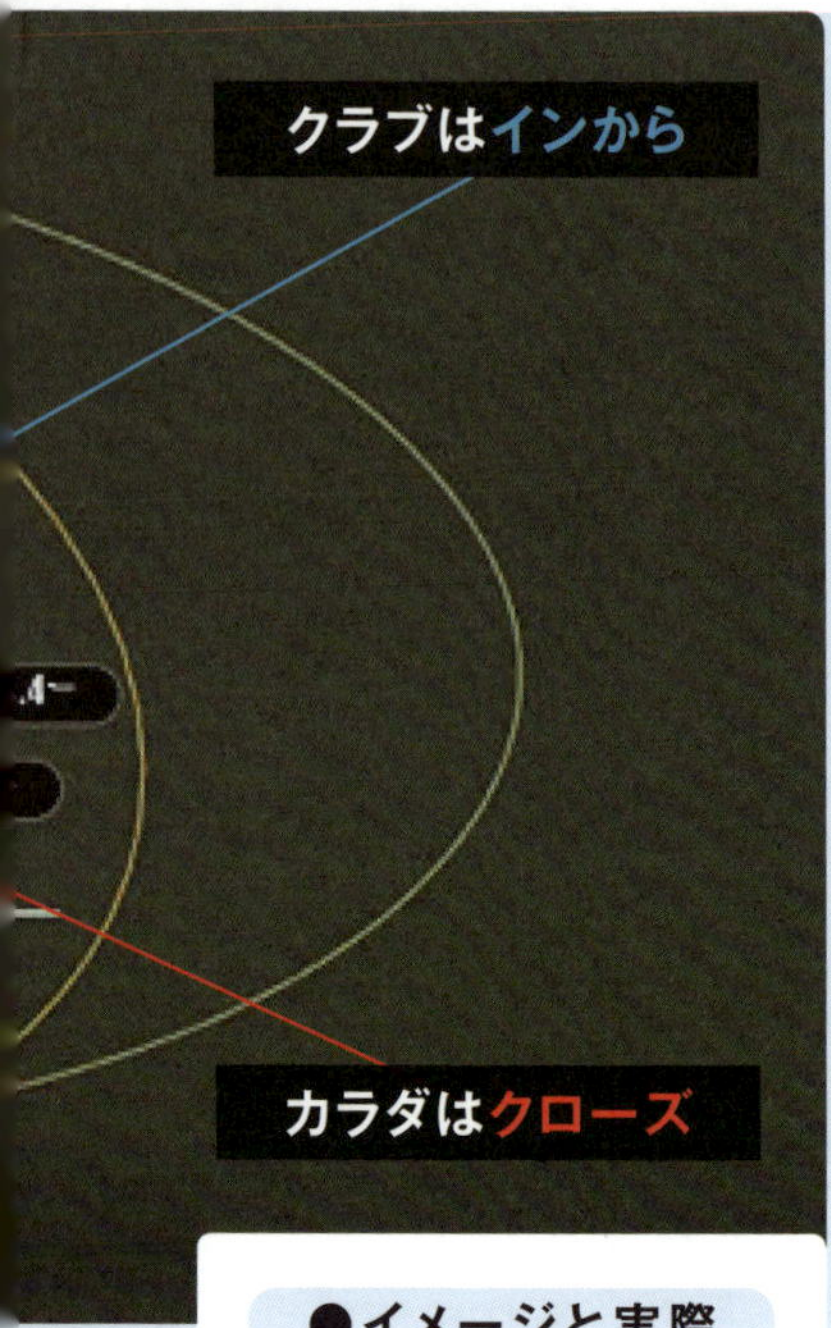

●イメージと実際

「腕はトップから真下に落とす」。「クラブを寝かす」「クラブを右回りに回す」といった動きを採用することによって、クラブをインサイドから下ろしアウトへ振り抜く。タイミングが合うとハイドロー。だがプッシュアウトもチーピンもダフリも出る。

パターン③

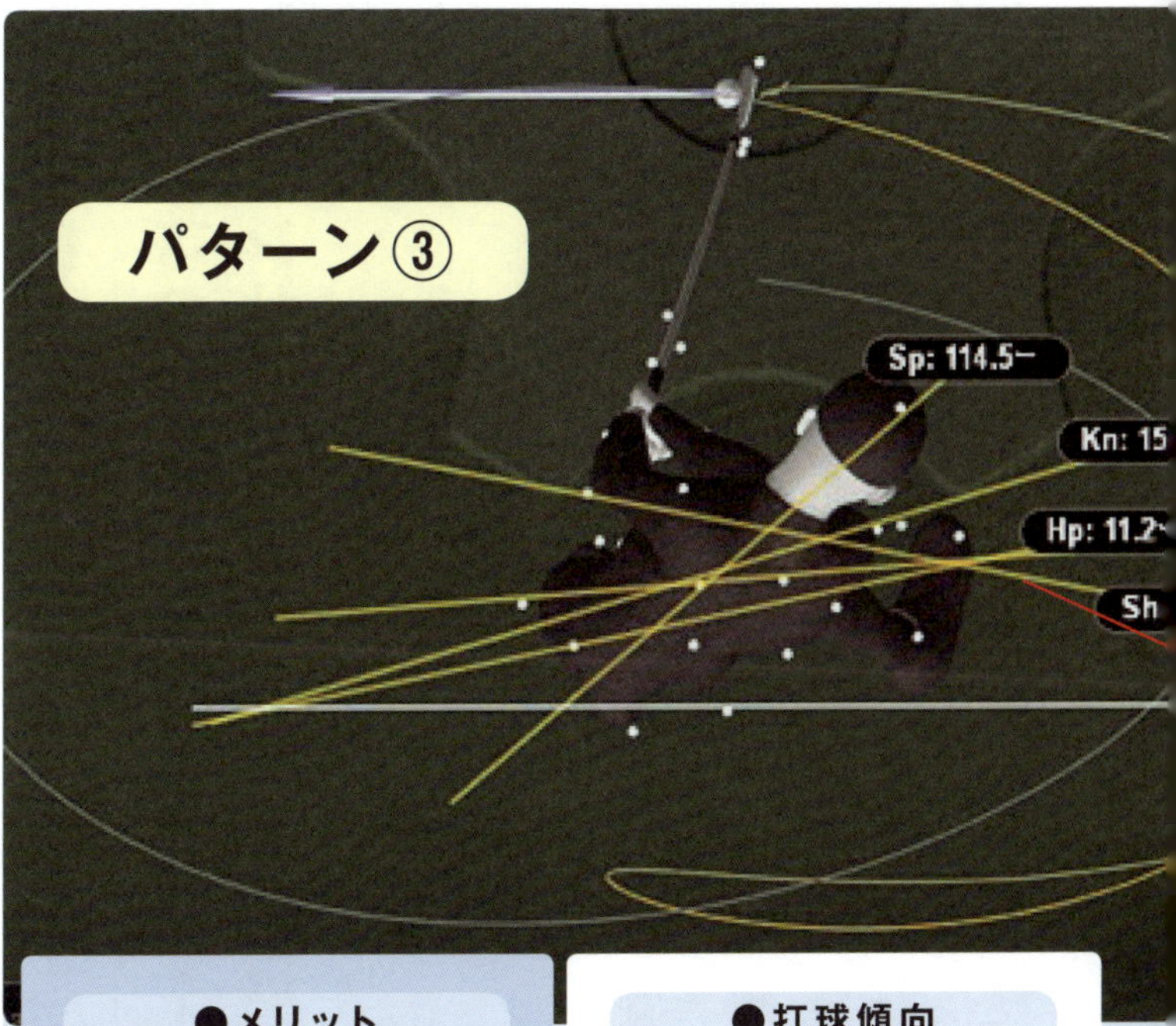

●メリット

ボールをつかまえる感覚を得ながら振り抜ける。ドローボールで飛距離を伸ばせる。腕を振る、とくにヒジから先を使って、クラブを大きく動かすため、身体的には比較的楽な動作となっている。

●打球傾向

強いドローボールが出る。フェースを右に向けて入れるので、プッシュアウトも出るうえ、ローテーションのタイミングが合わなければ、チーピンも出る。最下点が右になるため地面のボールが打ちづらくなり、ダフリ、トップが出る。

●デメリット

インパクトのエネルギーが大きくなるにしたがって、インパクトのタイミングのズレの影響も大きく出る。

●よくある対処法

フェースローテーションのタイミングを合わせる感覚を磨くため、つねに練習量を求める。右へ打ち出すために、ヘッドをアウトに振り抜くイメージを強調する。

パターン②&③のバリエーション

手首の角度をキープしフェース向きを固定しインサイド・アウトに振り抜く

パターン③ではフェースローテーションしながらインパクトする。その動きはリストワークでつくっていた。だが、繊細な感覚を持つ手先と言えど、タイミングを合わせることはむずかしい。そこで、腕を反時計回りにねじることでフェースをスクエアにする方法が紹介された。フェースの動きが小さくなり、相対的にタイミングを合わせやすくなる……けれどもミスがなくなるわけではない。

「腕を反時計回りにひねる」または、
「左手甲をボールに向ける」「シャフトを立てる」
といった方法でフェースをスクエアにし
そのまま振ることで球の散らばりは減るが……

●メリット

インサイド・アウトのプレーンのイメージはパターン②や③のまま振れる。フェースローテーションの動きがゆるやかになり、タイミングは合わせやすい。クラブの動きをカラダの動きがリードする感覚がつかめ、パターン④に移行しやすくなる。

●デメリット

インサイド・アウトに振り抜くために腕がカラダから離れ、手の感覚でインパクトをつくることになる。腕主体なのでエネルギー効率は悪い。

パターンは①から③まで？

「タイミングが合わなければ曲がる。それがスイング」「傾向に応じて修正し続けるのがゴルフ」って本当？

パターン①ではアウトから下ろすから低いヒッカケか弱いスライス。だからカラダの回転を止めてパターン②になる。そして、アウトから下りているからクラブの動きも③にする。すると右にも左にもミスが出るから、クラブの入り方を②に戻したり。カラダが右に倒れた感じが強いので少し立てたままにして、①に戻ったり。そしてまたスライスが出るから②や③に戻る。この3つの中でループする。それが悩んでいるみなさんのリアルな現状です。

パターン④のスイングがある

クラブの動きとカラダの動きの組み合わせ。まだ試していないパターンがもう1つあります！

もう1つあるのです、試していないパターンが。クラブの動きはインサイド・アウト。カラダの動きはオープン。「え？　突っ込む？　カラダを開く？」と拒絶反応が出そうですが、大丈夫です。②や③にしたのは、アウトから下りているクラブの動きをインからにするためだったはず。パターン③で身につけたインから下ろす動きさえあれば、カラダは突っ込んでも開いても、インから下ろし、ターゲットを指すインパクトゾーンがつくれるのです。

飛躍的に安定度を高める４つめのパターン！

クラブはインから下ろしながらカラダは開く！ プロのスイングはたいていコレ

パターン①のカラダの動きとパターン③のクラブの動きを組み合わせたのが、パターン④だ。「突っ込みながら回るとあとからクラブがついてくる」感覚のスイング。これこそ世界で台頭する強い選手たちの動きのパターンである。

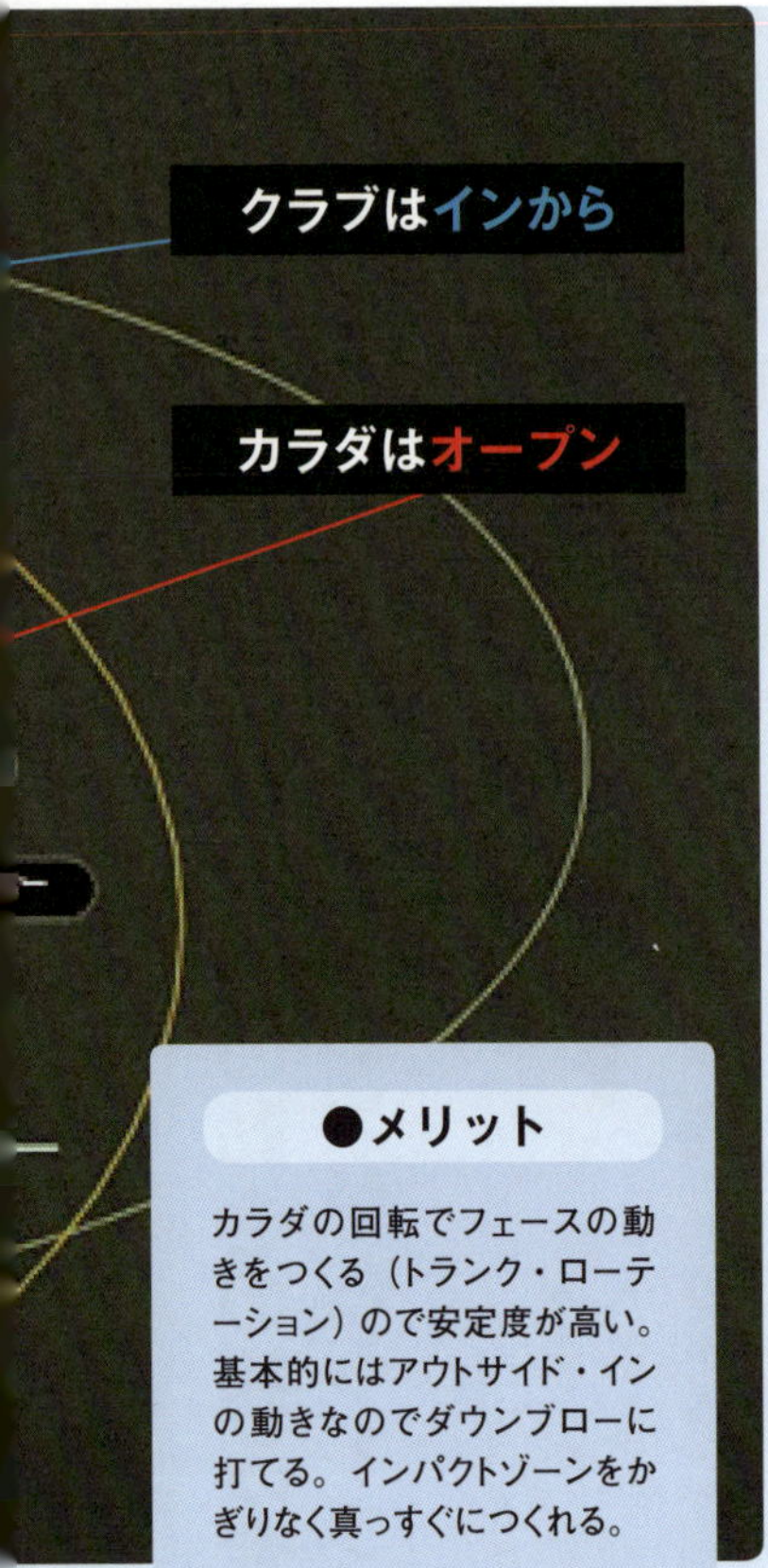

●メリット

カラダの回転でフェースの動きをつくる（トランク・ローテーション）ので安定度が高い。基本的にはアウトサイド・インの動きなのでダウンブローに打てる。インパクトゾーンをかぎりなく真っすぐにつくれる。

●デメリット

腕や手先の操作でインパクトをコントロールしない。そのため、「打った感」がない。カラダの回転でフェースの動きをつくるために、カラダを動かすことが主体となり、身体的な負担が大きい。

パターン④

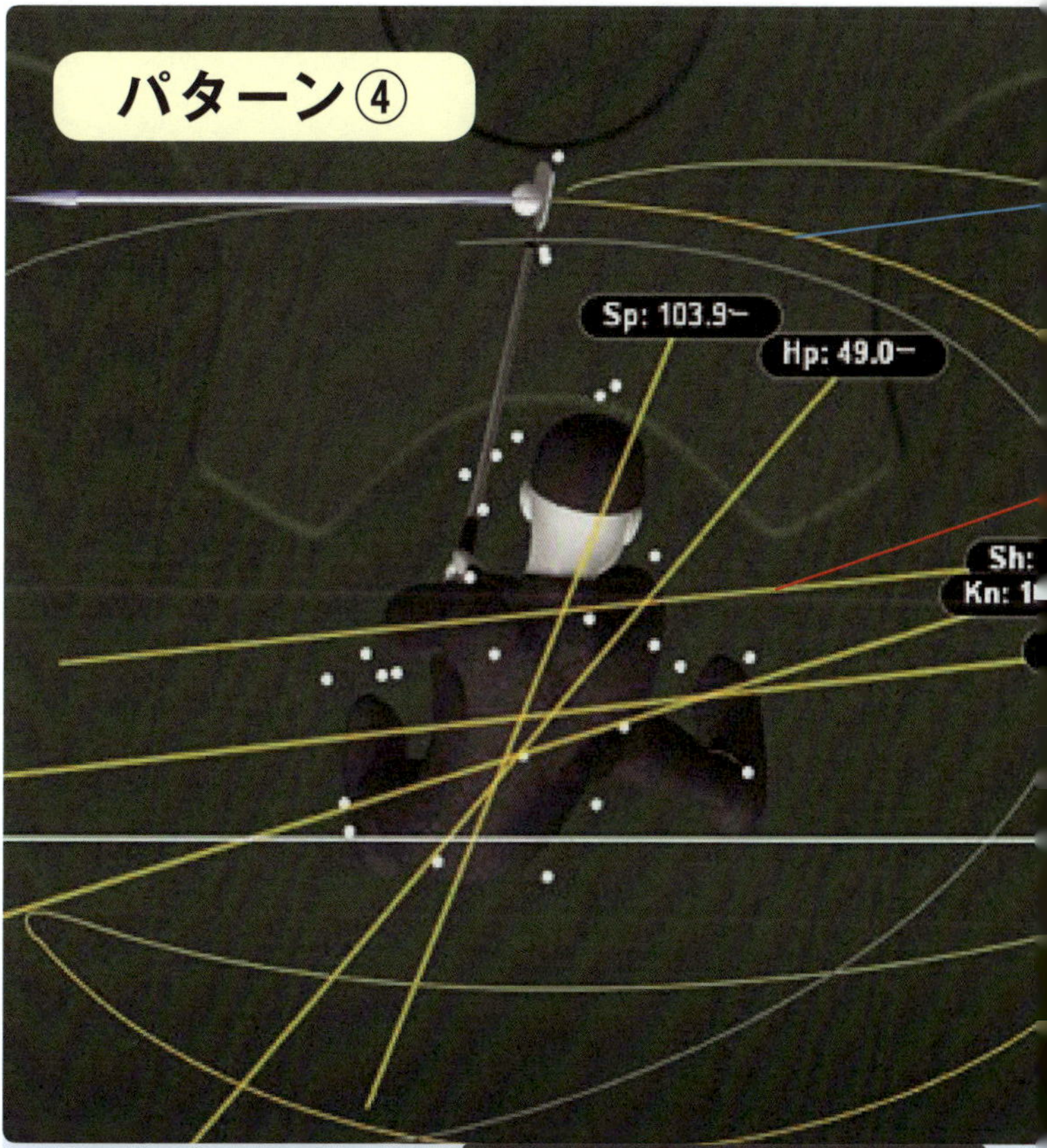

パターン④については、第2章以降で説明します。①から④のどれを選ぶかはあなた次第です。

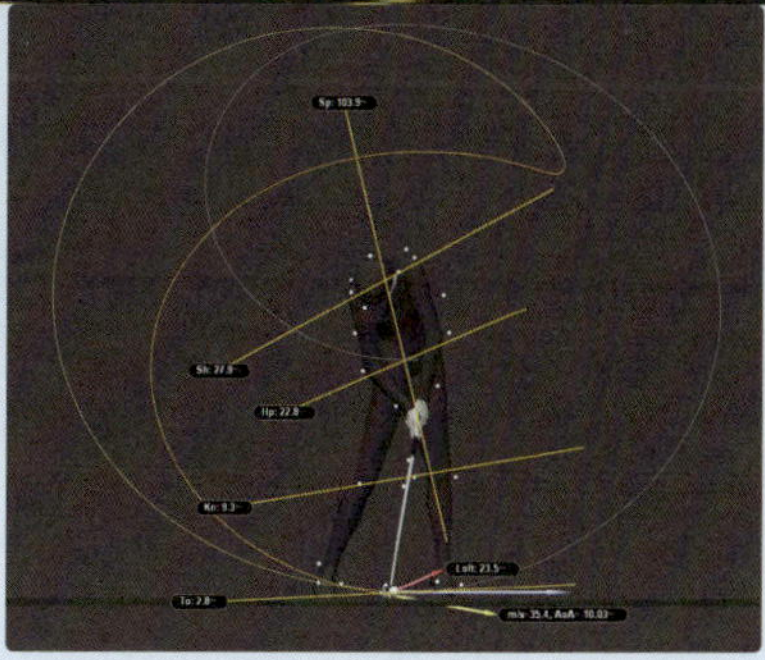

パターン①から③までの感覚やイメージとはガラリと変えなければこの形はつくれない

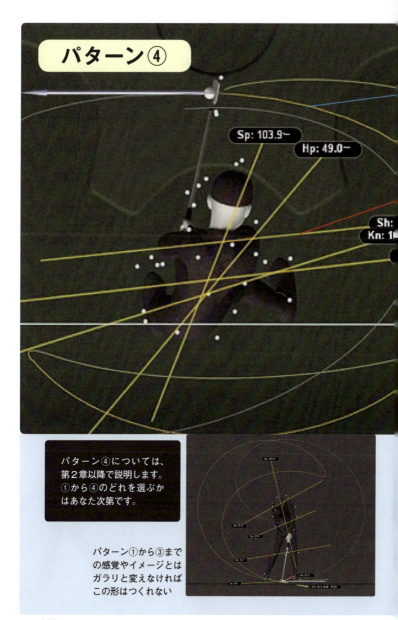

ガラリと変えるイメージはコレ！

パターン④のスイング〝イメージ〟

トップからまず回転。
カラダを開きながら側屈、
伸展を組み合わせ、
後ろに寝かせたクラブを
カラダの動きで
インパクトまで導いていく！

はじめに

見た目がきれいなスイングが、良いスイングとはかぎらない

「スイングきれいですね」「カッコいいスイングですね」

ゴルファーなら、そう言われたいものです。でも、「きれいだから安定して打てる」とも、「カッコいいからボールを飛ばせる」とも限りません。見た目のよさがスイングの安定性や再現性には、そして飛距離やスコアにはつながらないのです。

「きれいではないスイング」、言い方を換えれば「イレギュラーなスイング」でも、安定して打てる、ボールを飛ばせる、再現性が高い、というゴルファーはたくさんいらっしゃいますよね。きっと、みなさんのまわりにも。そして、彼らはスコアもいい。

みなさんが思うきれいなスイングとは、無駄を省いたシンプルなものを呼ぶのだと思います。一方、イレギュラーなスイングとは、余計な動きがいろいろ付け加わったものを呼ぶのだと思います。

あちこちで仕入れてきたアドバイスやレッスン、セオリーをごちゃ混ぜに取り入れようとすると、まわりまわってピッタリ合うことがあるかもしれません。でも、そのほとんど

は、基本的につじつまが合っていないのです。「何かをやれば何かが失われ、また別の何かが必要になる」の繰り返し……。

そこで、つじつま合わせのための頭の整理を少しでもしていただくために、本書を書き上げました。

本書は、私がモーション・キャプチャーGEARSや弾道測定器フライトスコープを用いて、カラダの動きやインパクトの実際の詳細データを集め、分析する中で見つけた「4つのスイングパターン」の分類をベースに説明しています。パターンごとにつじつまの合う動きでそろえていけば、たとえ見た目が個性的であっても、いいのです。

みなさんだって、確率はどうあれ、真っすぐ飛ばせることがあるのではないですか？事実、本当に、どんなスイングだって、真っすぐ飛ばせるのです。ダメじゃありません。

セオリーはセオリーとしてあっていいと思いますが、人間がやることであって、ミスがつきもので、完璧なんてない中で、きれいではないとしても、自分の中でこういう癖がある、こういうミスをしやすい、その原因はこうだからとわかっていて、うまく付き合うことが、ゴルフにはとても大切なことだと思います。

プロゴルファーですら、セオリーどおりの人は少なくて、イレギュラーな人が大多数です。その「イレギュラー＝個性」を極めた人がプロでいられ、アマチュアでも見かけは癖が強いスイングでも毎回同じように繰り返せる人がうまいのではないでしょうか。

ただ、いままでのセオリーの範囲内だと、3つあるスイングパターンの中でみなさんが右往左往しているのが事実です。と言っても、誤解しないでいただきたいのは、3つのパターンが決して悪いわけではないことです。

しかし、この3つに加えて、これまで「それは間違い」と言われてきたことを組み合わせてつくり上げる〝4つめのパターン〟という「解決の糸口」があることがわかったのです。「間違い」と言われていたからこそ、4つめのパターンを実行しようとするとき、「カッコ悪くて、変なスイングかも」という違和感にとらわれると思います。きっと誰もがそう感じるでしょう。だから「やりたくないな」と思うかもしれません。

でも「きれいだからいいわけじゃない」ことをもうご承知なら、思いきってやってみてください。あなたが「気持ち悪い」と感じたとしても、狙いどおりに打てますから。そして、まわりの人にはきれいなスイングに見えるはずですから。

4つめのパターン、なぜいままでなかったのでしょうね。とてもシンプルなロジックから生まれた、言われてみれば「あるよね」の組み合わせなのに。

そのパターンも含め、「4つのパターンのどれでもうまくなれる」「どんなスイングでもいい」という根本的なコンセプトの中で、一人ひとりみなさんが自分のスイングパターンに応じて、それを使えるものにしていくヒントを満載しました。

本書がみなさんのスイングづくりに役立つことを信じています。

ツアーコーチ　奥嶋誠昭

THE REAL SWING

科学が解明したゴルフ新常識

ザ・リアル・スイング

最適スイング習得編

目次

CONTENTS

第1章

クラブの動きで自分のスイングを知る 027

CONTENTS

第2章 スイングは4つのパターンに分けられる 081

第3章 ポジション別 つじつまを合わせるヒント 113

CONTENTS

第4章

分析データから見えてきた最新スイング　141

編集協力　長沢 潤
写真　高橋淳司
装丁・本文デザイン　鈴木事務所
DTP　加藤一来
取材協力　フライトスコープ
㈱ノビテック
ヒルトップ横浜クラブ

CONTENTS

第1章

クラブの動きで自分のスイングを知る

THE REAL SWING ザ・リアル・スイング 最適スイング習得編

スイングにはどんな動きもあり得る

長い棒の先についているクラブヘッドで、直径4センチより少し大きいゴルフボールを打つ。欲を言えば、できるだけ速いスピードで振って遠くに、正確に飛ばしたい。

となると、動きのブレをなくさなきゃ、と考えます。行き着くのは、軸というものがあり、それを保ってカラダをできるだけ速く回転させることでしょう。「動かす部分は動かす。けれど、動かさない部分は動かさない」という発想で……。

しかし、カラダの動きを暴き出すモーションキャプチャーで測定すると、**どんなうまいゴルファーでも、「動かしていない部分」などない**ことがわかります。前著『ザ・リアル・スイング』で、ゴルフスイングは「カラダの横回転＋腕の縦振り」だけではないと紹介しました。**体幹部分の動きだけでも、①伸展・屈曲、②回転、③左右方向への動き、④前傾を浅くしたり深くする動き、⑤前後の動き、⑥側屈の動き、はそれぞれどれもスイングの中で起きていて、誰もがやっている動きなのです。**

6DoF（6 Digrees of Freedom＝動きの自由度が6）

3次元において剛体がとりうる動きの自由度は6方向。前後、上下、左右の3次元に加え、それぞれの座標軸に沿って回転できるため6となる

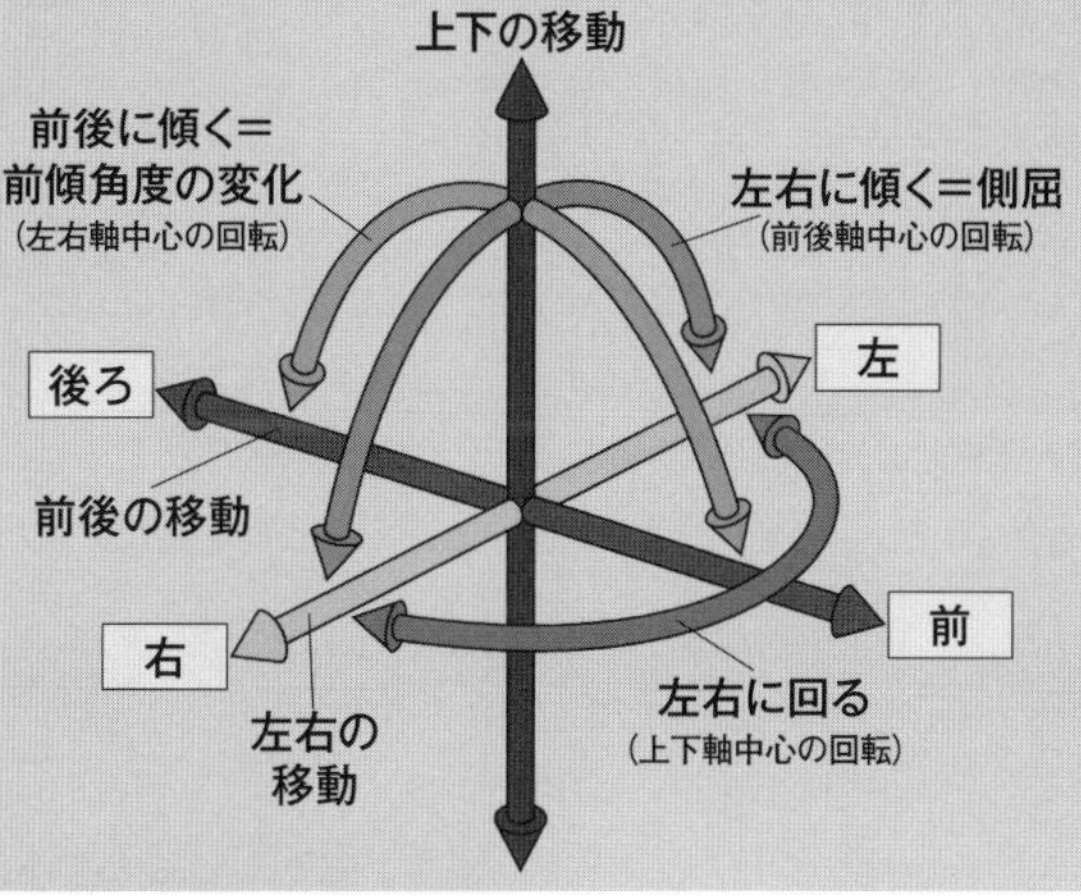

体幹の6DoF

❺スラスト
（前後の動き）

❸スライド
（左右の動き）

❶伸展・屈曲
（上下の動き）

❻側屈
（前後軸中心の回転）

❹前傾・後傾
（左右軸中心の回転）

❷回転
（上下軸中心の回転）

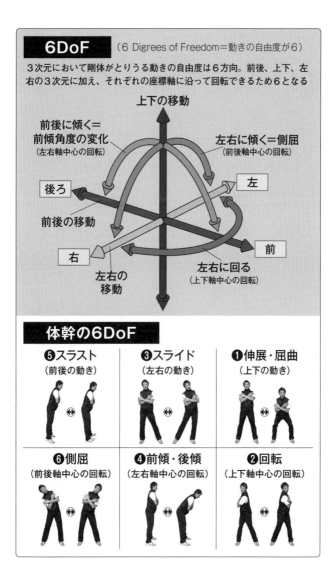

「軸中心に回転する」イメージで考えていると、上半身を左右に倒す側屈の動きなど「あり得ない動き」と思えるでしょうが、実はとても重要な、必須動作です。それを意識していないとしても、アマチュアだろうがプロだろうが、かならず側屈の動きの要素があるのです。

さらに、動いているのは体幹部だけにとどまらず、足首、ヒザ、股関節といった脚部の関節や肩、ヒジ、手首という腕の関節、そして首など、カラダの各部の関節も含まれます。それらすべての部分の、各パーツの動きについても、スイングの中の要素としてあり得るのです。

カラダの一部だけを使うより、全身の筋肉や構造をうまく使ったほうが、原動力が大きくなるのですから、より大きなエネルギーをつくれるのです。

でも、そこで頭をよぎるのは「動かす部分が少なければ少ないほど、誤差が出る可能性を減らせる」というセオリー。聞いたことがありますよね。それはそれで間違ってなく、そういうスイングを目指すことも否定しませんが、**動かす部分を減らしたときとそうでないときとで、誤差の確率が大幅に変わるということは、これまでさまざまなゴルファーのフルスイングを分析してきた経験から肯定できません。**誤差の確率を減らすのは、もっと別の要素だと考えられます。

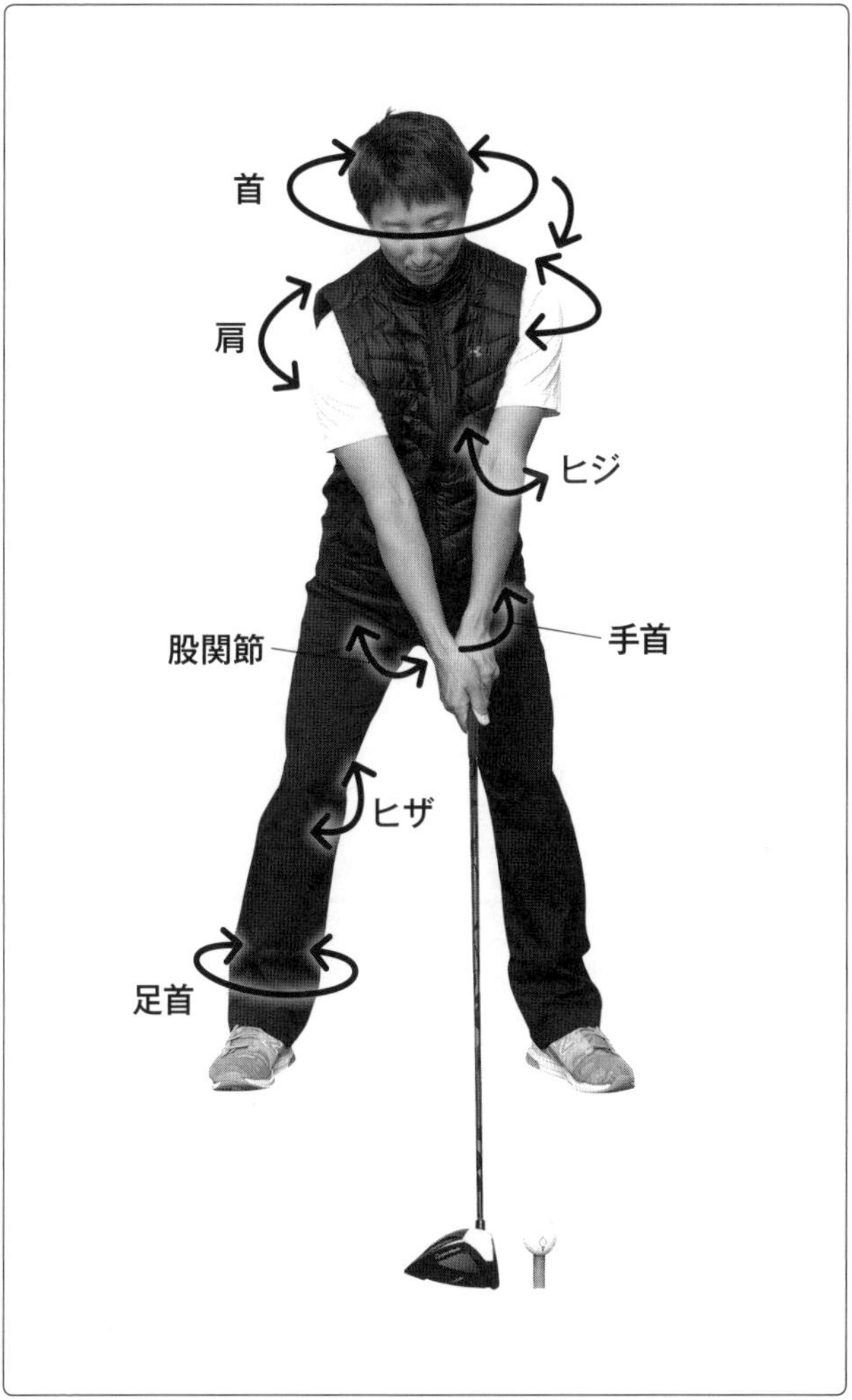

体幹の6DoF以外にも、カラダの各部が自由に
屈曲・伸展、回転などの動きをする

スイングは「つじつま合わせ」

カラダ各部の動きを自由に組み合わせて打っている

「側屈の動きが必要？　じゃあどう動けばいいの？　どのタイミングでどのように側屈するのが正しい動きなのか具体的に説明してよ」と質問されることが多々あります。

その答えは……、「ない」のです（待ってください、ここで本を閉じないで！　続きがありますから！）。

「ゴルファーごとに、答えがある」というのが答えなのですが（まだ、待ってくださいね。この本1冊かけて、説明していきますから）、どのようなタイミングで、どのような側屈の仕方でも、間違いではないのです。これは、側屈に限らず、全身のどの部分のどの動きについても同じことが言えます。

つまりは、**組み合わせの順番や度合いの問題。言い方は悪いですが、端的に言ってしまえば「インパクトに向けてのつじつま合わせ」、これがスイングの本質**だと思います。本書では、その組み合わせ方の大まかなパターンについて、紹介していこうと思います。

その組み合わせ方が、あなたのスイングのイメージやカラダの特性に合っていれば、それこそが誤差の確率を減らし、再現性を高めてくれるのです。

仮にバックスイングで前傾を深める動きがあるとしても、インパクトまでにそれを戻す動きがあれば、いい球は打てる。要はつじつまが合えばいいのである

組み合わせ方や動きの順番は違ってもいい

要はインパクト。途中は自由

いろいろな動きの組み合わせ方があっていいということについては、こう考えれば納得がいくと思います。**動きの組み合わせや順序の違いが、別々の「スイング理論」として発表されている**、と。

「クラブをアウトに上げろ」という理論がありますが、先に外に動かした結果、意識しないだけで、スイングのどこかのタイミングで「インに戻す」動きが隠されています。アウトとインを逆にしても、同じことが言えます。

「肩は水平に回せ」という理論があるとしても、肩を水平に回してもカラダのどこかを使って、クラブを上下に動かす操作が入っていますし、「肩は縦に回せ」と言っても横への回転の動きがどこかでつくられているのです。

「手を返せ」も同じことです。インパクトゾーンで積極的に手を返してボールをつかまえる方法もありますし、インパクトに至る前の段階でその動きを終わらせておくことや、手を使わずにカラダの動きで「手を返した」のと同じフェースの動きをつくることもできるのです。

つまり、**1つの動作について、違うタイミングで実行されている、もしくは別の動きを使ってそれと同じことが行われているのです。**

だから、どの理論に基づいて動きをつくっても、見た目にはあまり変わらない〝ゴルフスイング〟ができあがるのです。それはそうです。同じゴルフクラブという道具を使って、地面にあるボールを打つことを目的にした動きなのですから。だからこそ、スイングはクラブが進化しようが大昔からほぼ変わっていません。

「アウトに上げる」意識で動いても「インに上げる」意識で動いても、どこかでつじつまを合わせる「反対の動き」が入り、一定の範囲に収まっていればスイングとして問題がない

スイングプレーンの向きがカギ

クラブの動き方で見ればパターンは2つだけ

「『どのように動かそうが、どのタイミングでそれをしようが、どれもあり得る』ということは、パターンは無数にあるのではないか」と思われるかもしれません。

しかし、ゴルフスイングは「クラブでボールを打つための動き」だという大前提がありますそのうえで、打球の飛び方に影響を与える「クラブという道具」の動きに焦点を絞れば、次の2つしかなくなります。

①**ヘッドがアウトサイドからインに抜ける**。この場合、スティープな角度から、下りてきます。ボールより目標側にスイング軌道の最下点が来ます。

②**ヘッドがインサイドからアウトに抜ける**。この場合、シャローな角度で入り、高く右へと振り抜きます。ボールより手前に軌道の最下点が来ます。

その中間にストレート、いわゆるオンプレーンの軌道が、理論的には存在しますが、これについては後述します。

クラブの動きとしては、アウトサイド・インと
インサイド・アウトの2種類しかない

つまり、クラブの動きとしては、スイングプレーンの向きの違いによるこの2つのパターンがあるだけ。ですから、これで1つの切り分けをしておきます。

この2つのタイプそれぞれに、さまざまなカラダの動きが組み合わさることになります。その組み合わせ方は人それぞれ自由であっていいので、やはり「パターンは無数」と言うこともできるのですが……（続きは次項目）。

カラダの動きとクラブの動きの組み合わせは4つ

私がスイングの指導や分析をする場合にかならず、それぞれのゴルファーがどのようなイメージでスイングをしているかということについてのカウンセリングを行っています。つまり、頭の中のイメージを明らかにしていただいたうえで、現実に起きているクラブとカラダの動きを、モーションキャプチャーGEARS《ギアーズ》で測定し、分析しています。

それによってわかったことは、**頭の中のイメージが直接的にカラダを動かすので、カラダの動きはこれに準じて出るということが1つ。ですが、クラブの動きについては、自分の意図どおりになっているとは限らない**ということです。

確認してみれば、クラブの動きについては先ほど説明したとおり、現実にはアウトサイド・インとインサイド・アウトの2パターンしかありません。

一方のカラダの動きについては、大まかに言えば、イメージにおいてインパクトでカラダを閉じようとしているのか(クローズ)、していないのか(オープン)、ということによる

2つのパターンに分けられます。

その2つの切り分けによる2パターン同士を掛け合わせた4パターンに、ゴルファーはすべて分類されます。

つまり、カラダの動きとクラブの動きによって、次の4パターンに分けられるのです。

①カラダの動きがオープンで
クラブの動きもアウトサイド・イン

②カラダの動きがクローズで
クラブの動きはアウトサイド・イン

③カラダの動きがクローズで
クラブの動きがインサイド・アウト

④カラダの動きがオープンで
クラブの動きはインサイド・アウト

自分のスイングがこの4パターンのうちのどれなのかがわかれば、目指すスイングに向かう修正は至ってシンプルになっていきます。

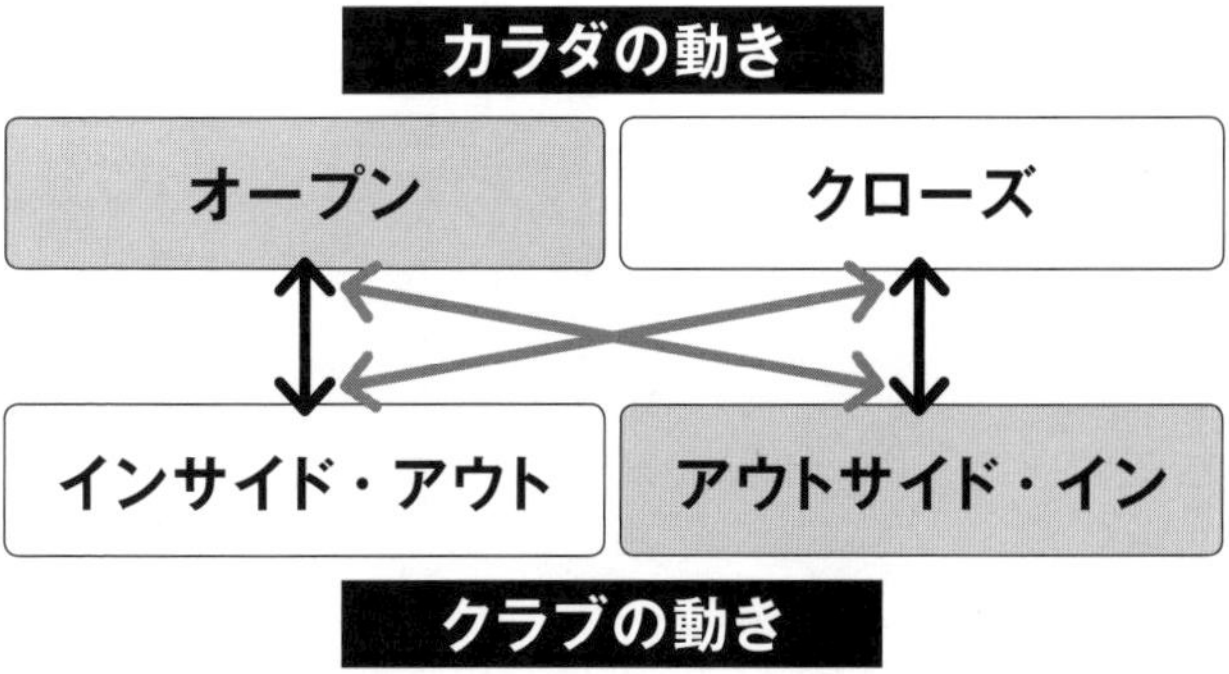

カラダの動きの傾向としては2通り

4パターンに「インサイド・イン」がない理由

「4パターンはカラダの動きが2種類、クラブの動きが2種類の掛け合わせだね。あれ？　インサイド・インも加えるべきでは？」とお考えかもしれません。

「インサイド・イン」、もしくは「オンプレーン」と呼ぶべきかもしれませんが、それはターゲットラインに沿って左右対称で、インパクトゾーンではターゲットに向かってストレートにクラブが動く軌道のことだと思います。

理論上はあり得ますが、少しでもズレればインサイド・アウトかアウトサイド・インになってしまうわけであり、毎回誤差なく理想の軌道で振ることはむずかしいものです。そのため、どちらになりやすいかという2つのパターンで考えていいのです。

また、「インサイド・イン」とか「オンプレーン」という場合、その向きは、あくまで「ターゲットラインに対して」であることが普通です。しかし、**クラブの動きとカラダの動きの組み合わせと考えた場合、カラダの動きに対してクラブがアウトから下りてきてい**

るということもあるのです（それがつまり、この本でパターン②として説明している動きです）。そしてその結果、それぞれが打ち消し合って（つじつまを合わせて）「オンプレーン」になることもあるわけです。

よく、クラブの動きだけを見て「オンプレーン」「外から下りている」などと判断することがありますが、**カラダの動きとの組み合わせで考えないと、問題の原因が見えてこない**ことがあるのも、この説明からご理解いただけるかと思います。

アウトサイド・インとインサイド・アウトの中間にインサイド・インがあるが、どちらかの傾向からそこへ近づけていこうとしても、いつの間にか逆の傾向に陥ってしまうことがしばしば起こる

現状を活かした改善策もある

4パターンのどれを選ぶのも間違いではない

「ストレートボールを打ちたい」「ドローやフックを打ちたい」「フェードやスライスを打ちたい」など各々考えがあると思います。

どれも間違ってはいません。それで楽しくゴルフができるのならどれでもいいのです。

どんな球筋を打とうとしても、2秒足らずのスイングの中でクラブをコントロールしてボールを打たなければならないだけのこと。誤差が出れば、どこにでもボールは飛んで行きます。

どの球種を選んだとしても、その球種を毎回打てれば、もしも飛距離が出ないとしても楽しくプレーはできると思います。

みなさん『みんなのゴルフ』というゲームをご存知ですか？　遊んだこと、ありますか？

私は大好きでやりまくっていた時期もありました。さまざまなタイプのキャラクターが選べますが、それぞれ特徴があって、得意とする球種があり、飛距離もさまざまで……。

どのような動きでも間違いではないが、クラブの動きとカラダの動きを整理し、つじつまを合わせやすくしておくとプレーが楽になる

飛距離がなくても、毎回コンスタントに打てて、アプローチとパターがうまければアンダーパーだって出てしまう。はまった人の中には、実際のプレーよりも断然いいスコアが出せた経験のある人もいるでしょう。

もちろん、ボタン1つで真っすぐ飛んでくれてしまうゲームと、実際のゴルフは違う！のですが、**先に説明した4パターンに頭が整理できれば、ドロー、フェードの打ち分けや、ミスの減らし方については、非常にシンプルになっていきます**。実際のゴルフが、ゲームにおけるドローとフェードの打ち分けに少し近づける、と自負しています。

話はそれましたが、**4つのうちどのパターンを選んでも正解**ということについては、あらかじめ強調しておきたいと思います。

スイングのセルフチェック

10のポジションをチェックしよう

スイングを改善していくのに際し、まず必要なことは現状のスイングを知ることです。でも、「私のスタジオに来てください、GEARSを使えば、カラダの動きもクラブの動きも同時に正確にわかりますから！」と、みなさんにスタジオに来ていただくわけにもいきません。

そこで、今回は、ビデオカメラ、あるいはスマートフォンを使って自分で確認していただきたいと思います。いまの時代、昼間でしたら鮮明にフェースの向きまでわかるくらいまで撮影できますので、それをコマ送りで再生しながら、ポジションごとにチェックしてみてください。ゴルフ場で撮影し販売している連続写真などでも判断できると思います。

スイングの分析において、海外のゴルフレッスンの世界で基準として使われている10のポジションごとにお見せします。ポジションとは、スイングの局面ごとのクラブの位置とフェースの向きのことです。

ポジションはPと略され、P1からP10まであります。

P1はアドレス、P2がバックスイングでクラブが最初に地面と水平になるとき、p3は腕が地面と平行になるとき。そしてP4がトップです。

ダウンスイングで最初に腕が地面と平行になるのがP5で、クラブが水平になるのがP6、インパクトがP7で、フォロースルーになってまたクラブが地面と平行になるのがP8、腕が平行になるのがP9で、フィニッシュがP10です。

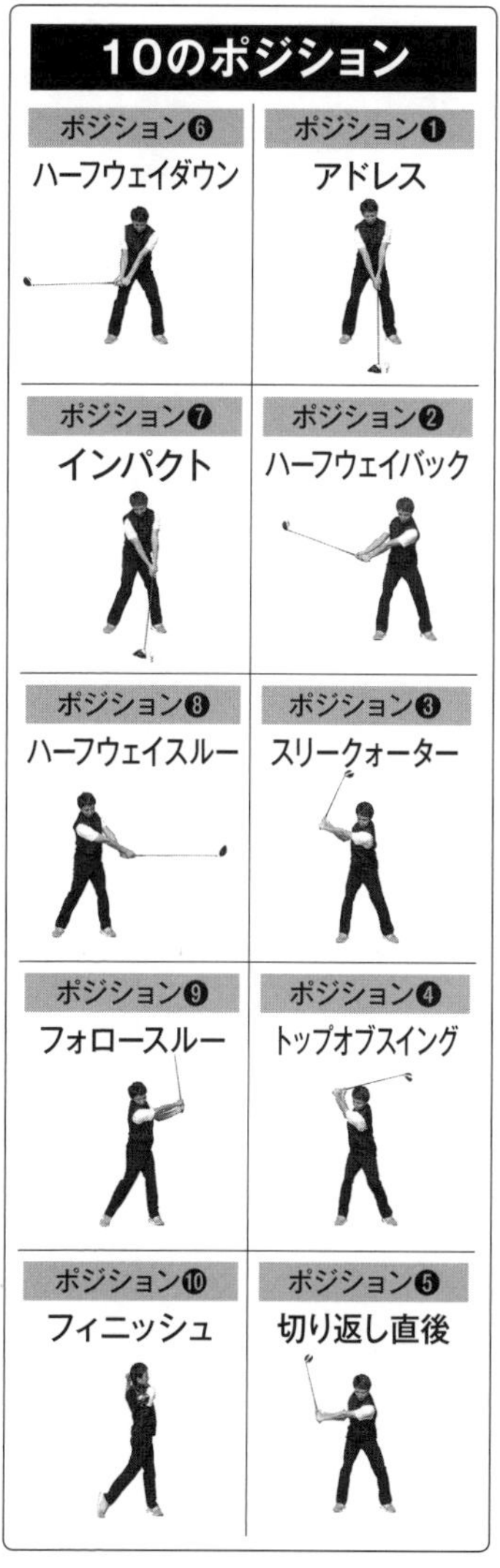

現実のクラブの動きを把握しよう

ここから、10局面に分けたスイングのそれぞれの位置でのクラブのポジションについて、確認していただきます。

自分がどういうふうに上げて、どういう経路で下ろして上げているのか、まず確認してください。

従来の発想から言えば、オンプレーンで振ることを目指すことが多かったと思います。でも、それを目指していながらも、現実の結果として、クラブの動きがアウトサイド・インやインサイド・アウトになっている場合、イメージと現実のギャップが大きいことになりますね。

しかし、悲観することはありません。

無理に、「理想のプレーン」に大改造しなくても、うまく打てる方法はかならずあるはずです。

まずは現実のクラブの動きを正しく把握しよう。それがイメージと合致しているかどうか。イメージと合わない場合でもかならずしも直すわけではないことは念頭に置いてほしい

ポジションごとの確認

P1＝アドレス

「どう振りたいか」に合わせた準備を整える

どんな動きも間違いではない、ということは**「動く前の段階」つまりアドレスも、どんな形であれ問題ありません。「どう振りたいか」で決まってくるものです。**

○アウトサイド・イン傾向＝K字

アウトサイド・インで振ろうとすれば、手は右にずれてくる。肩が左を向く構えともマッチする。ヘッドより手元がターゲットから離れ、腕とクラブの形はKの字に見える。スタンスの向きをオープンにしたくなる。

○中間的傾向＝Y字

ニュートラルな構え方としては、アイアンでは左太ももの内側の正面くらいが手の位置の基準となる。ヘッドの真上に手元が来て、腕とクラブの形はYの字に見える。

○インサイド・アウト傾向＝逆K字

インサイド・アウトで振ろうとすれば、手は左にセットしたくなる。肩が右を向くことともマッチする。ハンドファーストの形で、逆Kの字に見える。スタンスの向きをクローズにしたくなる。

ポジションごとの確認

P2=ハーフウェイバック

半分上げたところで軌道とフェース向きを確かめる

バックスイングを始めて、まずクラブが地面と平行になるポジションです。**このポジションでヘッドの位置、フェースの向きをまず確かめてみましょう。**

○**アウトサイド・イン傾向**＝後方から見てヘッドが手より外に上がっている。手をカラダから離して使うイメージ、大きな円弧を描くイメージに合う。

○**中間的傾向**＝後方から見てヘッドが手とほぼ重なる位置に上がる。

○**インサイド・アウト傾向**＝後方から見てヘッドが手より内側に上がっている。手とカラダを離さずカラダの回転を中心に動くイメージ、小さな円弧を描くイメージに合う。

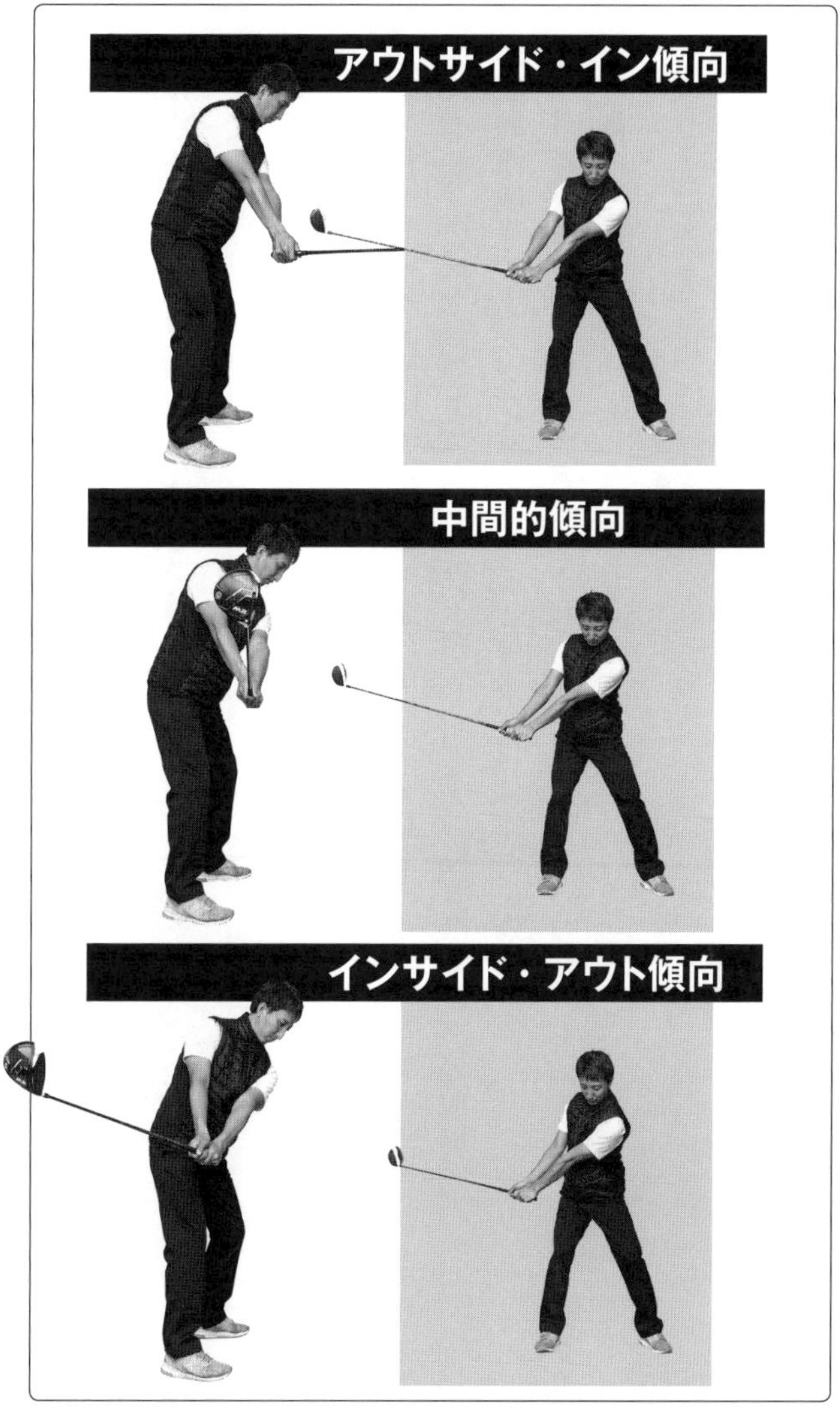
アウトサイド・イン傾向
中間的傾向
インサイド・アウト傾向

ポジションごとの確認

P3=スリークォーター

ヘッドの位置、フェースの向きがいきなり変わりやすいポジション

バックスイングで左腕が地面と平行になるポジションが、スリークォーターです。

○**アウトサイド・イン傾向**＝ボールと両肩の中心を結ぶライン（ベン・ホーガンの理論でいうスイングプレーン）よりもシャフトが立つ。手の位置はカラダの前側。
○**中間的傾向**＝スイングプレーンとシャフトがほぼ平行になる。
○**インサイド・アウト傾向**＝スイングプレーンよりもシャフトが寝る。手の位置は胸の正面より後ろ側になる。

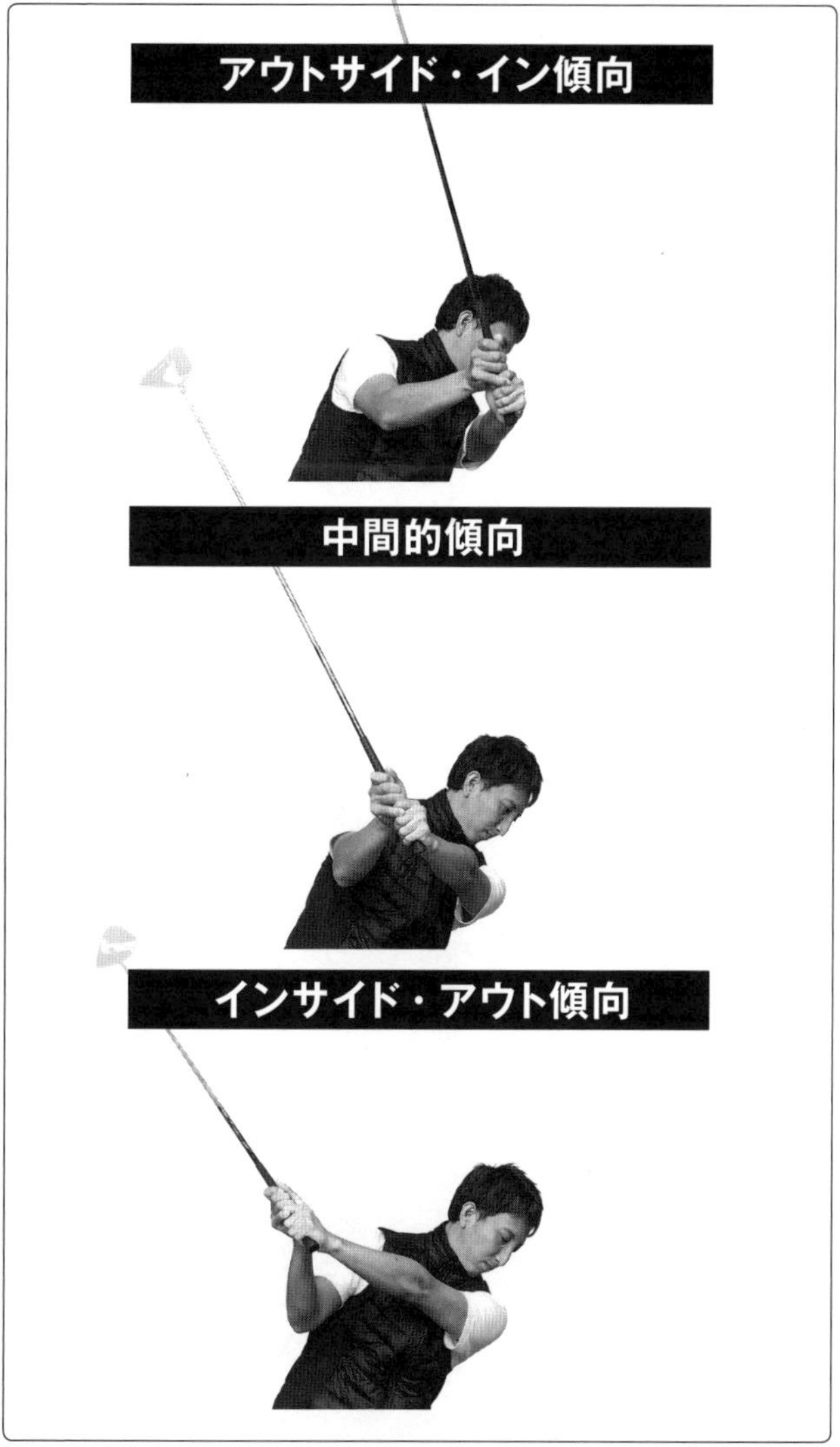
アウトサイド・イン傾向
中間的傾向
インサイド・アウト傾向

ポジションごとの確認

P4＝トップオブスイング

シャフトクロスでもレイドオフでもいつも同じように収まるなら問題ない

トップオブスイングがポジション4です。**グリップの仕方とコッキングの動きの入れ方、ヒジの位置、腕の上げ方によって、シャフトの向きが変わってきます。**

○**アウトサイド・イン傾向**＝シャフトクロス。クラブの位置が高く、シャフトがターゲットラインを横切る。右ヒジの位置が高い。

○**中間的傾向**＝ドライバーの場合、シャフトが飛球線と平行になる。クラブの位置はスイングプレーン上にある。

○**インサイド・アウト傾向**＝レイドオフ。クラブの位置が低く、ヘッドはターゲットの左を指す。右ヒジの位置は低い。

アウトサイド・イン傾向

中間的傾向

インサイド・アウト傾向

ポジションごとの確認

P5＝切り返し直後

トップの「次の瞬間」に手とクラブはどこまで下りてくるか

ダウンスイングを始め、左腕が地面と平行になったときがポジション5です。**腕主体で振るか体幹主体で振るかの違いが大きくあらわれるポジションです。**

◯**アウトサイド・イン傾向**＝クラブが立つ（縦になる）。クラブはスイングプレーンより前（外）にあり、プレーンの傾きより急角度になる。

◯**中間的傾向**＝クラブはプレーンとほぼ平行。クラブはスイングプレーン上にあり、傾きもプレーンと平行になる。

◯**インサイド・アウト傾向**＝クラブが寝る（横になる）。クラブはスイングプレーンより低い位置で、プレーンの傾きよりも寝た角度になる。

アウトサイド・イン傾向

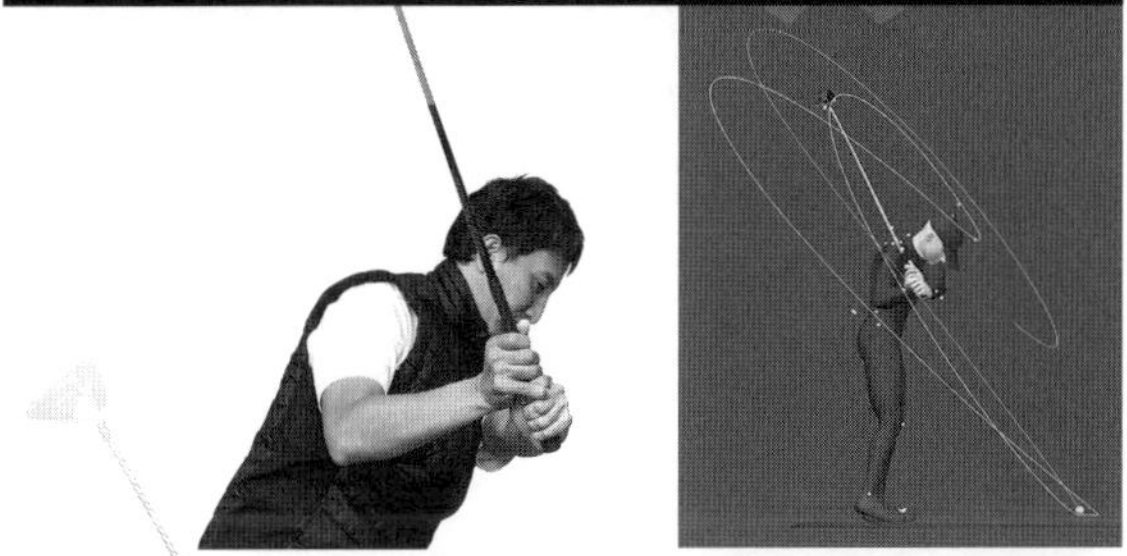

中間的傾向

インサイド・アウト傾向

ポジションごとの確認

P6=ハーフウェイダウン

ヘッドが加速し頭の中のイメージと実際の動きのギャップが大きくなり始める

さらにクラブを下ろし、シャフトが地面と平行になるのがポジション6です。

○**アウトサイド・イン傾向**＝ヘッドが手より遠方（アウトサイド）にある。

○**中間的傾向**＝ヘッドが後方から見て手とほぼ同じ位置にあるか、ターゲットラインとクラブが平行になる。

○**インサイド・アウト傾向**＝ヘッドが手よりカラダ側（インサイド）にある。

また、正面から見たときのヘッドとグリップエンドの位置関係の違いも顕著です。

○**アウトサイド・イン傾向**＝ヘッドが先に動き、腕とシャフトの角度がなくなる。

○**中間的傾向**＝ヘッドが遅れて動く。適度な「ため」ができた状態。

○**インサイド・アウト傾向**＝ヘッドをさらに遅らせている。「ため」を大きくつくった形。

アウトサイド・イン傾向

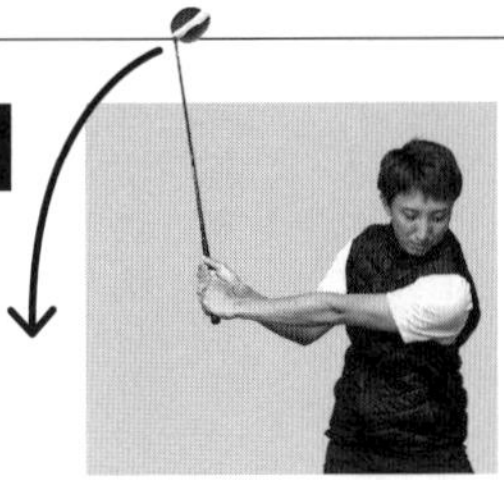

アウトサイド・イン傾向の動きは、腕を振るよりもクラブヘッドを先に振り出そうとする動きと結びつきやすい

中間的傾向

インサイド・アウト傾向

インサイド・アウト傾向の動きは、クラブヘッドの戻りを遅らせて腕を下ろそうとする動きと結びつきやすい

ポジションごとの確認

P7=インパクト（正面）

クラブの機能をフルに使うにはロフトどおりのインパクトだが……

インパクトがポジション7になります。**インパクトでのクラブの動きとして確認していただきたいのは2点。まず、正面から見たときのシャフトの傾き（ヘッドとグリップエンドの位置関係）です。**

○**アウトサイド・イン傾向**＝ヘッドがグリップエンドより目標側にある、つまりシャフトが目標と反対側に倒れている（ハンドレイト）。

○**中間的傾向**＝グリップエンドよりヘッドが適度に遅れている、ドライバーならわずかにヘッドがグリップエンドより先に行った状態（軽いハンドファースト）。

○**インサイド・アウト傾向**＝グリップエンドよりヘッドが比較的大きく遅れている、つまりシャフトが目標側に倒れている（強いハンドファースト）。

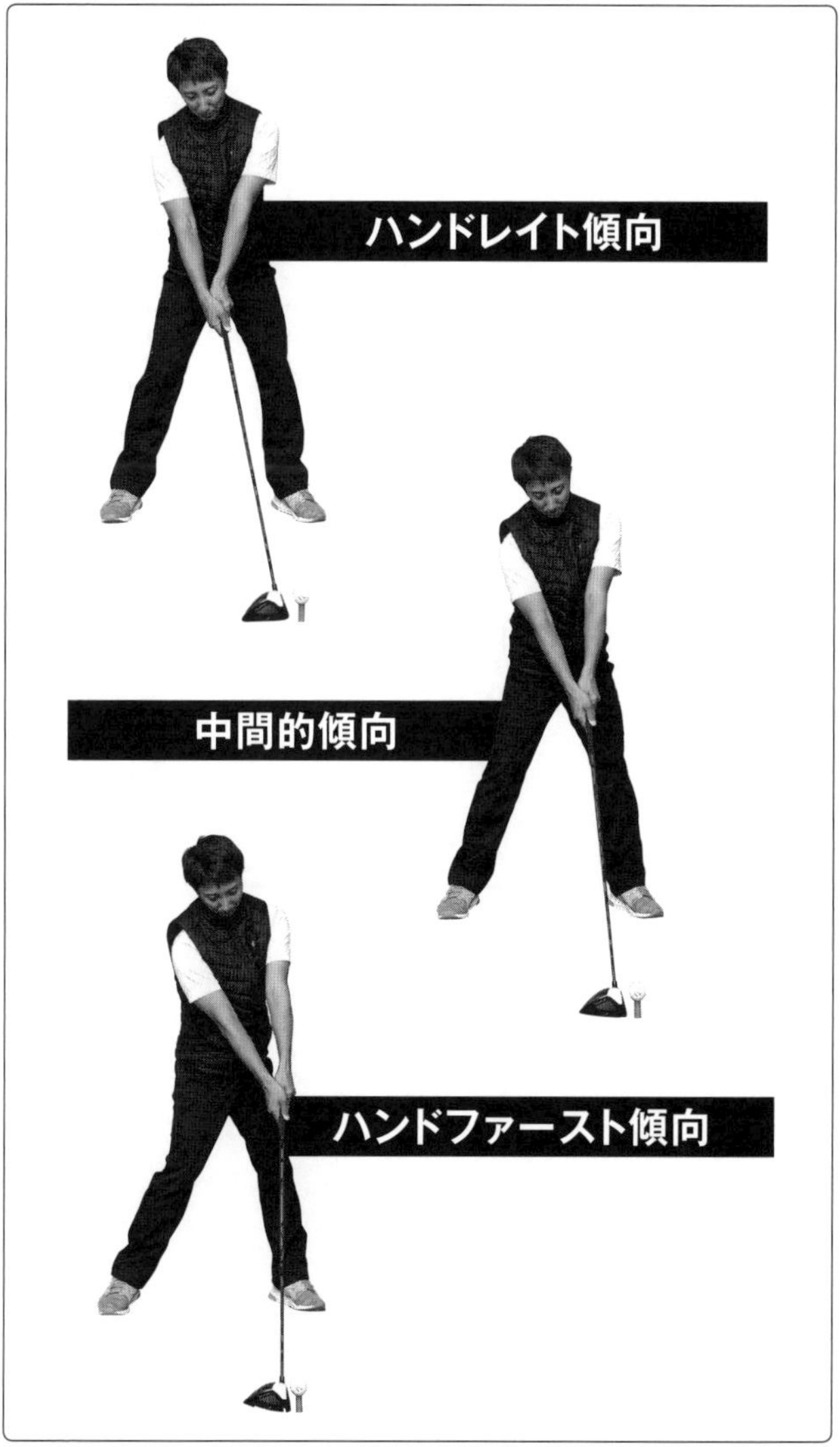
ハンドレイト傾向
中間的傾向
ハンドファースト傾向

ポジションごとの確認

P7= インパクト（後方）

ライ角どおりに使うことが方向性にも飛距離にも有意義

インパクトでクラブの動きとして確認していただきたい2点目は、ライ角どおりに使えているかということ。つまり後方から見たときのシャフトの傾きです。よく、手の高さとして注目されています。

○**手がアドレスのときよりも高い**＝手首の角度を早いタイミングでほどくと、その結果手の位置がアドレスよりも高くなる傾向がある。ライ角どおりにインパクトできないため、フェースの面は右を向く。

○**中間的**＝ほぼライ角どおりに使えているので、フェースの面は少しだけ右を向く程度。

○**手がアドレスのときと同じ高さ**＝ライ角どおりに使えているため、フェースの面はスクエアでインパクトしている。

手が浮く傾向

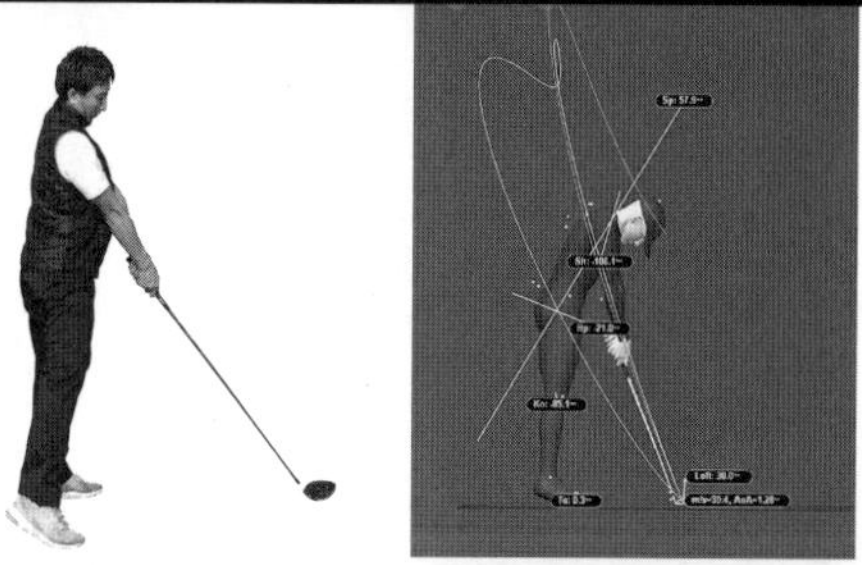

中間的傾向

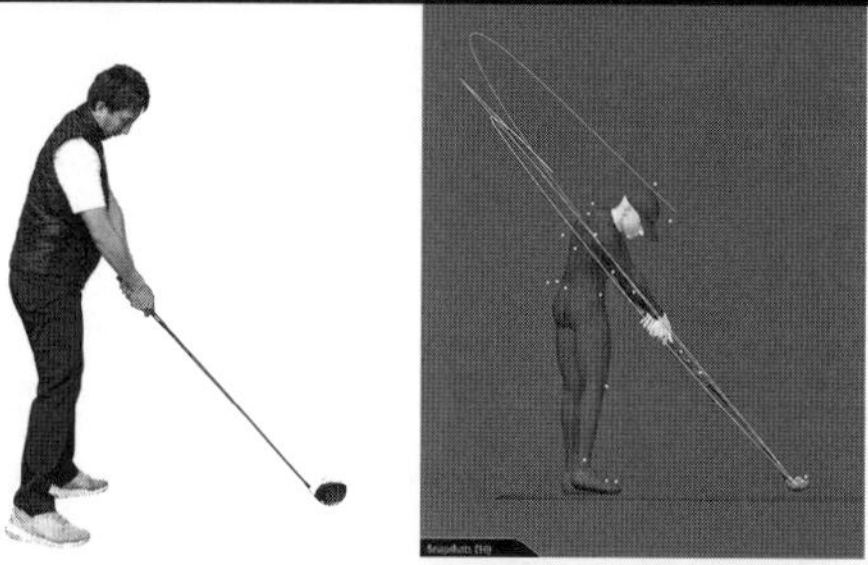

手の位置が低い傾向

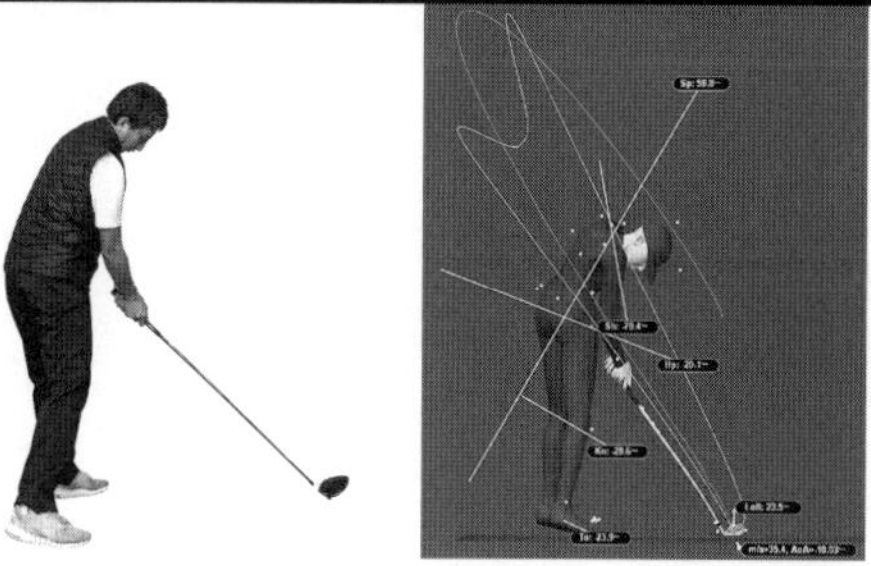

ポジションごとの確認

P8=ハーフウェイスルー

アウト・イン、イン・アウトに加え「アウト・アウト」もあり得るポジション

インパクトを過ぎて、クラブが最初に地面と平行になるタイミングがポジション8です。

○**イン傾向**＝後方から見て、グリップエンドはカラダの陰に隠れている。
○**中間的傾向**＝グリップエンドはカラダの近くだが、後方から見えている。ヘッドはグリップエンドに重なる位置の近くにある。
○**アウト傾向**＝グリップエンドはカラダから離れ、ヘッドはさらに遠方にある。

ここまでのどのポジションにおいてもそうなのですが、たとえば前のポジションまでアウトサイド・イン傾向だったからといって、次もかならずそのまま同じ傾向へ進むわけではありません。まさに、どのような動きでもあり得るのです。**とくに、インパクトゾーンに入る直前から直後までに複雑な動きが加わることは、まったく珍しいことではありません。**ときにはアウトサイド・アウトでさえあり得るのです。そしてやはりもちろん、そう

だからといって直す必要があるわけではないことに変わりはありません。

イン傾向

ヘッドがインに抜ける

中間的傾向

アウト傾向

ヘッドがアウトに抜ける

ポジションごとの確認

P9=フォロースルー

最新の流行は手が低い位置でフィニッシュに向かう動き

右腕が地面と平行になる位置まで振り抜いていった形がポジション9です。**ヘッドが抜けていく位置と、フェースの向きには関連があり、それぞれのパターンで大きく違ってきます。**

○**イン傾向**＝後方から見て、カラダの低い位置から背後へ手とクラブが出てくる。シャフトは斜めになる。

○**中間的傾向**＝後方から見て、スイングプレーンに近い位置からクラブが抜けていく。フェース面はターンしているがスクエア。

○**アウト傾向**＝後方から見て肩よりも高い位置からクラブが抜けている。シャフトは縦になる。

イン傾向

中間的傾向

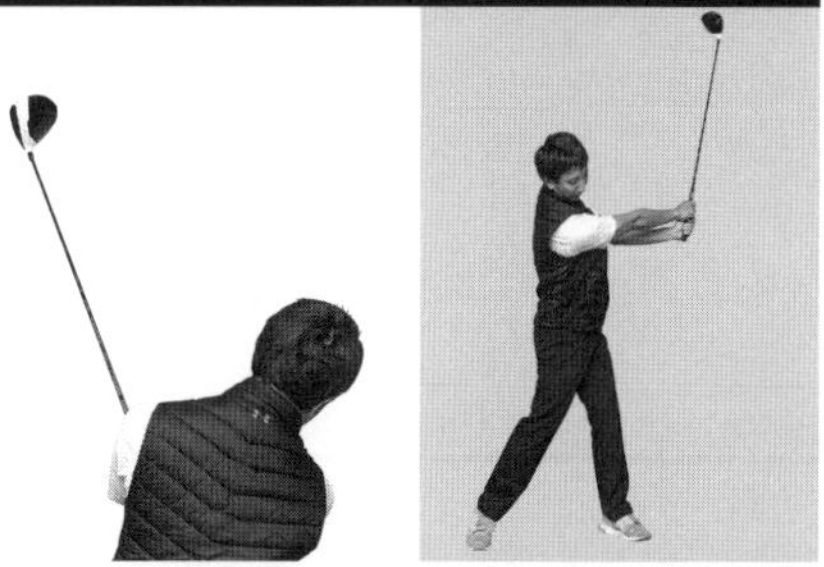

アウト傾向

ポジションごとの確認

P10＝フィニッシュ

右肩が目標を向くまで回る最新型フィニッシュはアウト・インだからこそ

フィニッシュは結果。ここまでの結果としての3パターンの他、途中で止まってしまう形もあり得ます。止まってしまうのは、途中で不要な力を入れているから。クラブの動きにも不規則な要素が加わってしまうので、避けたほうがベターです。

○**イン傾向**＝シャフトは横向き。前傾角度は起き気味となり、手は比較的低く、背後まで回り込んだ位置にあり、シャフトは地面と平行に近くなる。

○**中間的傾向**＝シャフトは斜め。前傾角度を保って、手の位置は中間的。シャフトの傾きは適度に斜めになる。

○**アウト傾向**＝シャフトは縦向き。前傾角度を保ったまま、手を高い位置に動かしていき、フィニッシュ。手は背後には回り込まず、カラダの前。シャフトは縦になる。

イン傾向

中間的傾向

アウト傾向

補足1＝グリップの向きごとに手の動き方が変わる

グリップについてはストロング、ウイーク、どちらも名前のとおりです。

ストロングはつかまった強い打球が左に出やすい。

ウイークは弱い打球が右に出やすい。

スクエアはその中間的。

どのようなスイングをするかというイメージに沿って、自由に選んでいい部分です。**クラブの動きが、アウトサイド・イン傾向、インサイド・アウト傾向のどちらであっても、どのグリップを選んでいいのです。**

また、グリップはストロング、ウイーク、スクエアの3種類と言われますが、実際には、右手と左手を同じ向きにする必然性もないため、右手3種類×左手3種類で、合計9種類が考えられます。本当に、どれでもいいと思います。

グリップの仕方によって腕、とくに前腕の動かし方が変わってきます。各ポジションにおけるフェース向きをつくるための腕の動かし方は、グリップの握り方によってまったく変わってくるのです。**自分の目指すクラブの動きやフェース向きを実現しやすいグリップの組み合わせを見つけていただければ、と思います。**

左右のグリップの向きによって、フェース向きをコントロールするときの前腕の使い方（ねじり方）が違ってくる。意図するフェース向きをつくるために、自分にとって必要な動かし方を探る必要がある

補足2＝フェース向きの管理で軌道も変わっていく

ポジション2以降の確認事項は、ヘッドのポジションだけではなく、フェースの向きも大切な要素となってきます。

フェースの向きは腕の動きやカラダの使い方によってつくられますが、これがヘッドの軌道自体にも影響を及ぼします。

バックスイングでフェースをシャットにするには、腕を反時計回りに回します。それによってクラブは縦に上がっていきます。同時に左への側屈が入りやすくなります。

フェースをオープンにするには、腕を時計回りに回します。側屈を控えめにし、体幹の回転を大きくできます。

グリップの握り方によって、それぞれのポジションでのフェースの向きをつくるための前腕の動きが違ってきます。どのフェース向きにしたいのかを考え、自分の握り方で、フェースをその向きにするにはどのような動きが必要なのかを試してみてください。

では、ポジション2でのフェースの向きを説明します。

○**フェースの向きがシャット**（フェース面の向きがより下向き）
フェースローテーションを抑えるスイングに合う。

○**フェースの向きがスクエア**（リーディングエッジが上半身の前傾角度と平行）

○**フェースの向きがオープン**（フェース面の向きがより上向き）
フェースローテーションを使うスイングに合う。

フェースの向きが シャット

フェースの向きが スクエア

フェースの向きが オープン

補足3＝トップでのフェースの向きがダウンの動きを左右する

トップでのフェースの向きも重要なチェックポイントです。**フェースローテーションを積極的に使うのか、抑えたいのかで適した向きは変わります。**

○**フェースがオープン**＝フェースが正面を向く。フェースローテーションしない限り、フェースが開いた状態でインパクトする。フェースローテーションする振り方に合う。
○**フェースがスクエア**＝フェースが斜め上を向く。中間的。
○**フェースがシャット**＝フェースが空を向く。そのままクラブを下ろせば、フェースがスクエアな状態でインパクトできる。フェースローテーションを抑えた振り方に合う。

バックスイングの途中で「入れ替え」つまり、クラブヘッドが手を追い越して上がっていく動きが起きます。クラブヘッドが大きく動くため、その動きの中でフェースがどこを向いているのかわからなくなる人が多いと思います。Ｐ２からＰ３、Ｐ３からＰ４へと上がる際に、それまでシャットだったものが急にオープンになったり、その逆が起きたりします。

とくに、フェースをシャットにしたまま動かしているイメージの場合、シャットのつもりなのに、知らないうちにオープンになっていることが多いのです。現状のスイングで、そうしたことが起きているのかいないのかを確認してみてください。

フェースが オープン

フェースが スクエア

フェースが シャット

クラブの動きはイメージどおりでしたか?

ヘッドの動きを確認したうえでカラダの動きを考える

現状のスイングでのクラブの動き確認するとびっくりするかもしれません。

バックスイングで、外に上がったり……。内に上がったり……。内に上がったかと思えば、いきなり外に動いていったり……。その逆が起きていることもあると思います。

ダウンスイングも同じです。インサイドから下りてきたり……。アウトサイドから下りてきたり……。フェースが開いたり閉じたり……。ポジションごとにいろいろ複雑な動きがあり得ます。

結構複雑に動かしている人が多いのです(私のところへレッスンを受けに来る人だけがそうだとは思えませんから、たぶんほとんどのみなさんが同じだと思います)。

もしかして、バックスイングとダウンスイングが同じ経路でしっかり重なるようなスイングを目指していたりしますか?

そういうスイングになっていることは、きっと少ないと思います。

セオリーと言われてきたワンプレーンのスイングというのは、これがまたなかなか難易度が高いのです。

実際、アウトサイド・インの動きとインサイド・アウトの動きが混じり合ったスイングになっている人が圧倒的に多いと思います。

「ワンプレーンになっていないから、ダメだ！」と思います？

そんなふうに思わなくていいですよ。

安心してください。どんなスイングでも、ダメではないのです。

「どんな経路を通っていようがいいのです」。**アウトサイド・インでもインサイド・アウトでも好きなほうを選んでいいのです。**

どんなスイングにも、かならず長所があります。もちろん短所もあるのですが……。肝心なことは「パーフェクトなんてありません」ってことです。

いろいろな動きがある中で、そのスイングの中に組み込める動きとそうでない動きを整理していけば、長所を活かせます。ワンプレーンなどの理想の軌道を目指す大改造も、もちろんありますが、改造にかけられる労力を考慮しながら、自分なりの「目的地」を決めるという改造の仕方もあるのです。その中でできる限りの完成度と安定感を高めていくことはできるのですから。

ダウンスイングだけの統一でもいい

すべてはインパクトをどう迎えるか！

第2章で詳しく説明していきますが、打球の方向や曲がり方に決定的な影響を与えるのは、インパクトです。**インパクト直前の動きがアウトサイド・インかインサイド・アウトか、そのときヘッドの軌道に対してフェースの向きが右なのか左なのかで、ボールの打ち出し方向と曲がりは決まります。**

バックスイングから始まるすべての動きをワンプレーンに統一しなくても、安定したボールを打つことのできるスイングはつくれるのです。


どんな経路でバックスイングしようが。

どんな経路でダウンスイングしようが。

いつも同じようにインパクトを迎えられているなら、どんなスイングでもオッケーです。

どんなスイングしてもナイスショットは打てます。

自分がこれは！　と納得いくナイスショットなんてラウンドで1回出りゃいいです。

ミスはするもの、というか、ほとんどがミス。

ミスは「当たり前」の「普通の」プレーなのです。

ただし、ミスの仕方があっちこっちへ行ってしまってたら問題が起きる。

だからそれだけは避けられるようにしておく。

自分がどういうパターンで、どういうボールが出ると知っておくことで、そうした境地に近づいていけると思います。

極論、バックスイングがどのような動きであろうと、ダウンスイングからインパクトの動きが統一できれば、スイングの安定感は十分に高まる

column 01

右回りも左回りも上げ方次第

最近のはやりの言葉としては、「右回りのループ」がありますね。

自分から見てヘッドを時計回りに回し、上がってきた軌道よりも低いラインで下ろしていきます。

上げてきたプレーンをなぞるように「同じところを下ろす」スイングもありますが、プロのデータを見ると、ループしているケースがほとんどです。

よく「右回り」と言いますが、上げ方次第で「左回り」もあり得ます。右にしなきゃいけないというわけではないのです。

バックスイングで強烈なインサイドの軌道で上げてきている場合、そこからさらに右回りにしようとしても、無理な話です。

たとえばアドレスのときのシャフトの傾きに沿ったバックスイングならそうなります。すると外から、つまり「左回り」して下ろすしかない。それでも安定して下ろせるなら、それでいいのです。

第2章

スイングは4つのパターンに分けられる

THE REAL SWING ザ・リアル・スイング
最適スイング習得編

どのような経路で振っているとしても大丈夫

スイングの「つぎはぎ」を解消しよう!

スイングを通してクラブの動きをチェックしていただき、アウトサイドの傾向が強いのか、インサイドの傾向が強いのかを確かめていただきました。2つの傾向のあいだで入れ替わるような動きをしているようなケースもあるかと思います。

そうした動きが意図せず起きてしまっていて、確認してみてちょっと驚いた人もいると思います。いままでも気になって直そうとしてきたけれど、まだうまく矯正できないでいる、というケースもあるでしょう。

その理由は、これまでにさまざまな「修正のためのヒント」「飛ばすためのヒント」「プロみたいなスイングをつくるためのヒント」などを、とりあえずランダムに取り入れてきたからではないでしょうか。

さまざま取り入れてきた「ヒント」のそれぞれは、もしかするとそれぞれ別の「理想のスイング」のためのものだったり、それぞれ「別の人」のためのアドバイスだったのかもしれません。

それらをつなぎ合わすだけでは、うまく1つのスイングにはならないのが普通です。いわゆる「帯に短し、たすきに長し」みたいなものです。

「じゃあ、何を選べばいいのか。そして、短すぎる帯や、長すぎるたすきばかりの場合は、どうすればそれを適度な長さにして使うことができるのか」と、そこに悩んでいるんですよね。

その「交通整理」をしていこう、と思います。

インサイド・アウト傾向で振っている人に合う動きと合わない動き。アウトサイド・イン傾向で振っている人に合う動きと合わない動き。これで頭の中が整理できれば、あなたのスイングはよりスムーズで、そして安定感のあるものに変わっていくと思います。

ジグソーパズルの最後のピースのように、何か1つのヒントで、スイングが「完成する」ということはほとんどありません。自分で削ったり継ぎ足したりして、やっと穴を埋められるようなイメージです。その試行錯誤のガイドになるような話ができれば、と思います。

1つのスイングプレーンで球筋の打ち分けはできる

まず理解しておいていただきたいことが、クラブパスとスイングプレーンという「概念」です。

球の打ち出し方向や曲がり方を決めるのは、フェースの向きと、スイング全体のヘッドの軌道を示すスイングプレーンだと思われがちですが、実はそうではなく、**インパクトへ向かうヘッドの進行方向**です。

言うなれば、**スイングプレーンの中の「打球を決める肝心な一部分(インパクトゾーンと言い換えてもいいですが)を切り取ったもの」で、これを「クラブパス(path=小道)」と呼びます。**

1つのスイングプレーンの中でもヘッドがターゲットに向かって「インサイド・アウト」で動いているあいだと、「アウトサイド・イン」で動いているあいだがそれぞれあり、それぞれそこにボールがあって、そのパスに対してフェースが右か左に向いていれば、ドローボールとフェードボールになるのです。

図1

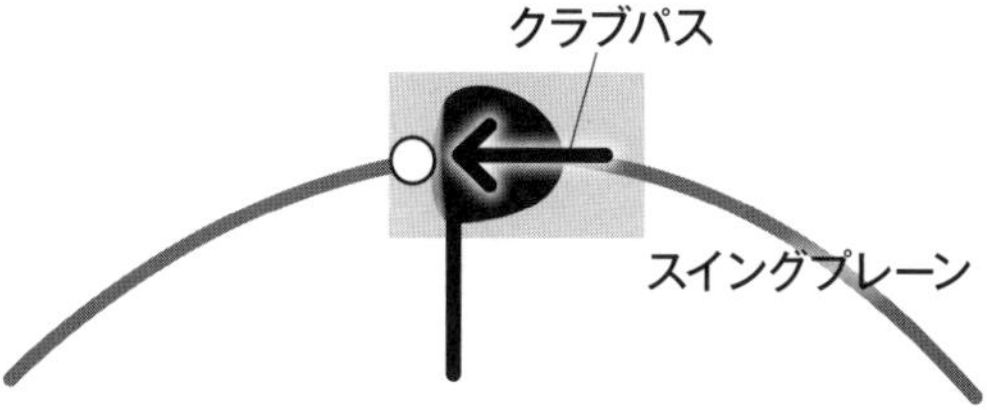

スイングプレーンはスイングが全体としてどちらの方向に振られるかということを示す。クラブパスはインパクト直前のクラブの進行方向を指す

図2

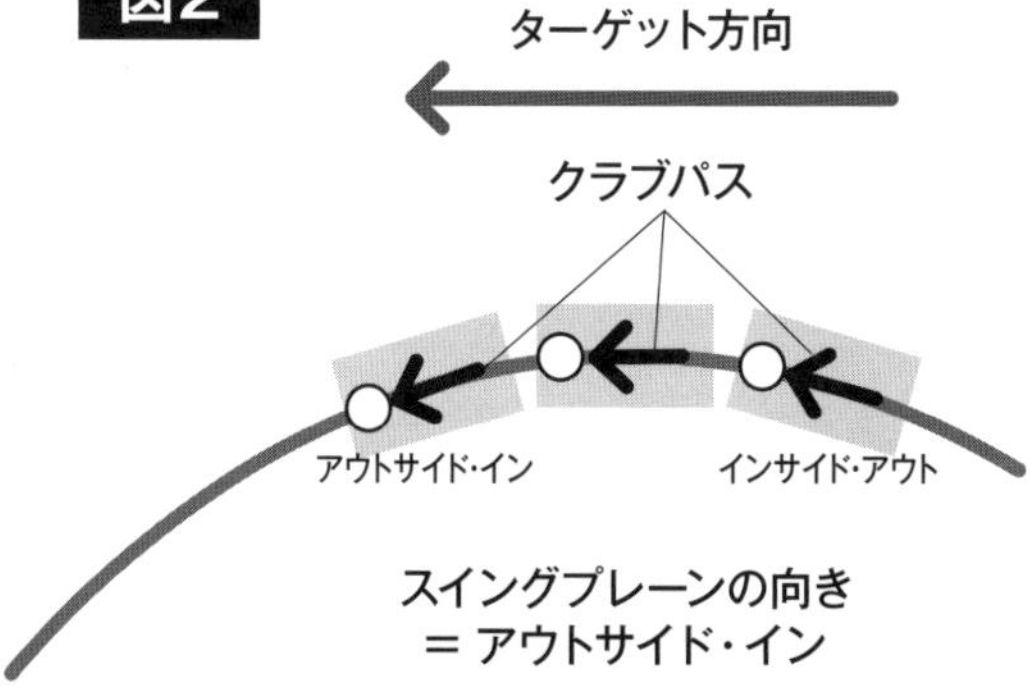

プレーンの向きが、アウトサイド・インだとしても、ボールの位置によってパスはインサイド・アウトも、アウトサイド・インもあり得る。それぞれの位置でインパクトを迎えれば、ドローもフェードも打てる

どちらのプレーンでもどうとでも打てる

真っすぐ打つためのクラブパスがかならずある

どのようなスイングプレーンでも、ターゲットにストレートに向かう部分はあります。**インパクトの直前のクラブパスがターゲットに向かってストレート（これを「ゼロパス」と言います）で、なおかつフェースもターゲットに向いてボールに当たれば、理論上、ボールはターゲットに向かって打ち出され、真っすぐ飛んでいくことになります。**

スイングプレーンとクラブパスを説明した目的は、1つのプレーンの中に、どの向きのクラブパスも存在する、ということをわかっていただくためです。

真っすぐ打つためのゼロパスは、どんなスイングプレーンにもあるのです。

スイングプレーンがアウトサイド・インの場合、ゼロパスは右側にあります。

逆に、スイングプレーンがインサイド・アウトの場合。ゼロパスは左にあるのです。

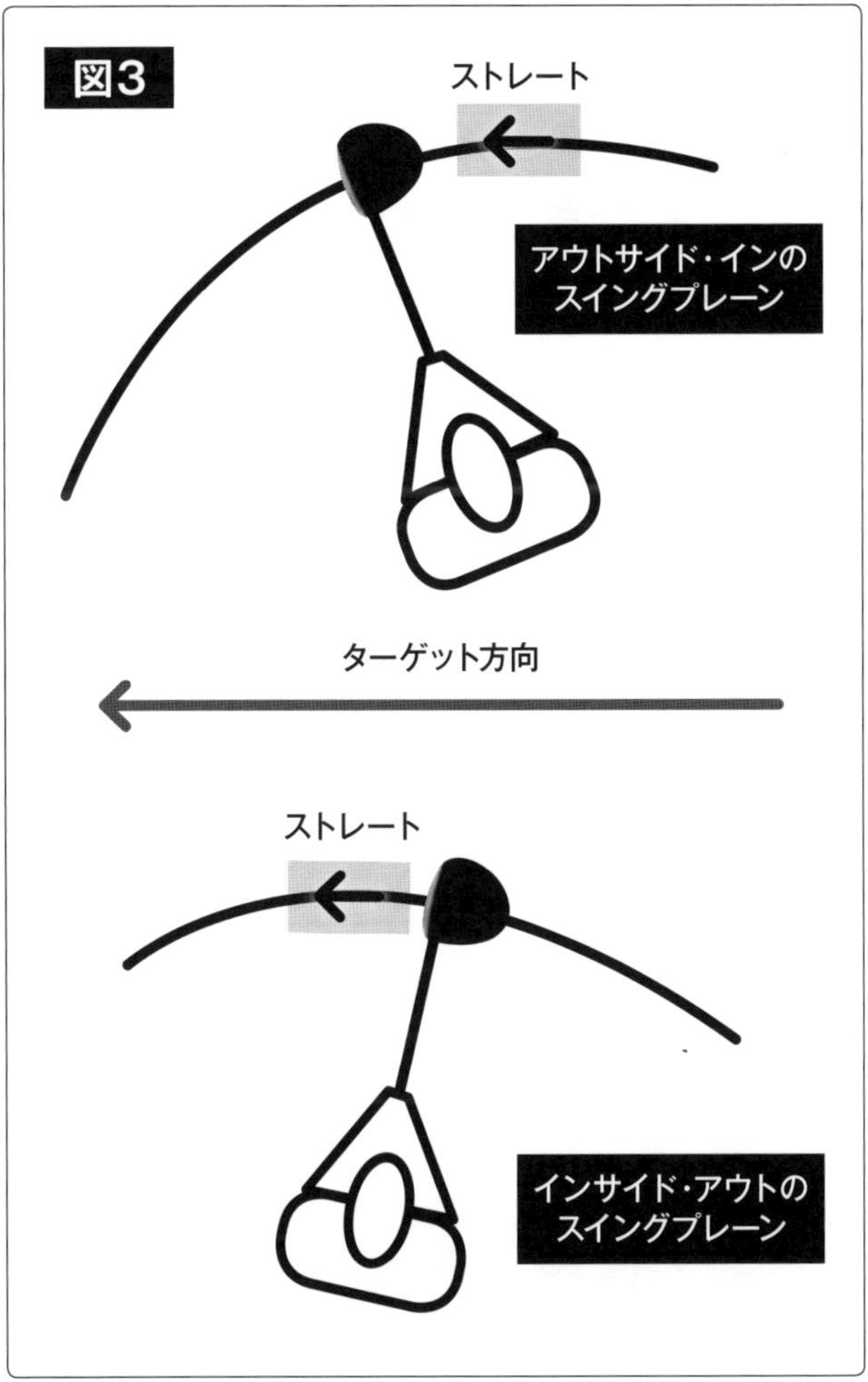

アウトサイド・インのスイングプレーン
の場合、正面より右にゼロパスがある。
インサイド・アウトの場合、左になる

当たり前だけど意外に気づいていないポイント

プレーンの向きで最下点の位置が変わる

次にこれをイメージしてみてください

まず、スクエアをイメージして、ボールに対してアドレスしてください。でもいったんこのスクエアは忘れてください。

そして単純にクラブをアウトサイド・インに、そして、インサイド・アウトに振ってみましょう

どうなりますか？　何か感じませんか？

ただ、スイングのプレーンをアウトサイド・インとインサイド・アウトにしただけです。

しかし、それによって、何か起こるかと言うと……。

ボールに対して、軌道の最下点が手前や後ろにズレるのがわかると思います。

アウトサイド・インにクラブを振ると最下点はボールの先（左側）になります。インサイド・アウトに振ると逆に、最下点はボールの手前（右側）になります。

当たり前の話ですが、言われてみれば意外にそうだなと思う部分はではないでしょうか。

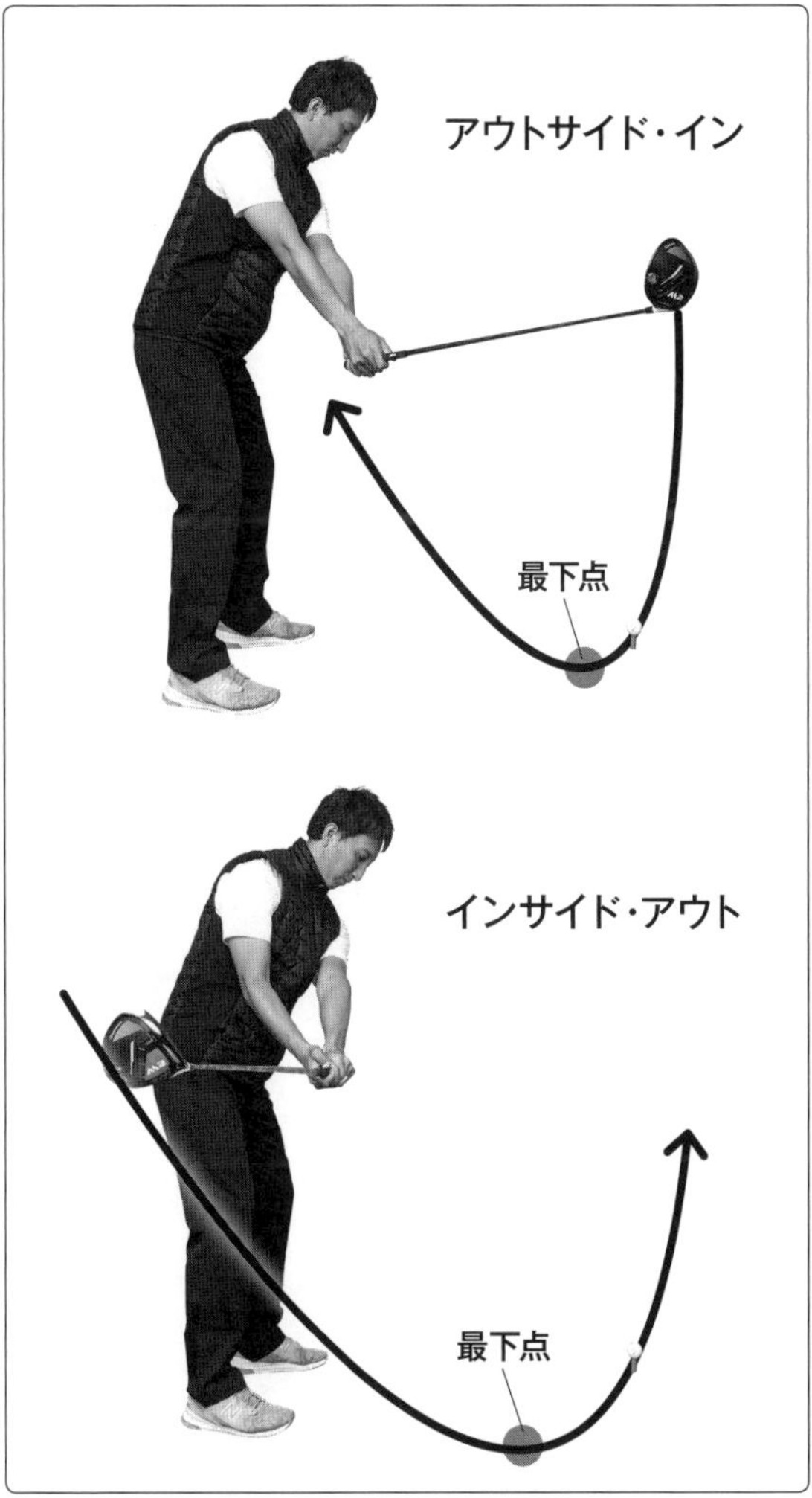

アウトサイド・インで振る場合、軌道の最下点は左になり、
インサイド・アウトで振る場合は右になる

インサイド・アウトはダウンブローにならない

もう、ここまで説明しただけで、ピンときた人がいるでしょう。

プレーンの向きと、パスがストレートになる位置。そして、最下点。

それらを考え合わせます。

アウトサイド・インは最下点が左で、ストレートになる部分はそれよりも右にあります。真っすぐ目標に向かって打とうすれば、パスがストレートに向く位置（＝ゼロパス）にボールを置きますが、そこは最下点に向かっていく過程、つまり、ダウンブローで打つことになるのです。

インサイド・アウトは最下点が右であり、ストレートに向く部分はそれよりも左にあります。真っすぐ打とうとする場合、その位置は軌道の中では、最下点からまた上がっていくタイミングになります。**つまり、インサイド・アウトのプレーンでは、ダウンブローで打てない、ということになるのです。**

インサイド・アウトに振るプレーンの最下点は通常のボール位置よりも手前になる。つまりボール位置ではヘッドは上昇していくため、ダフリかトップになりやすい

ダウンスイングでのクラブの動き

アウト・インかイン・アウトかは腕が決めている

では、ダウンスイングの4つのパターンごとの動きを見てみましょう。

まず、4つのパターンを分けている1つめの要素、クラブの動きです。アウトサイド・インか、インサイド・アウトか。

最終的に、その向きを決めているのは、腕の動きです。

ボールをつかまえるためにフェースを閉じようとすれば、腕を左に（反時計回りに）ねじります。

するとクラブは立って、アウトサイドから下りてくるのです。

スイングはボールをつかまえて飛ばすわけですから、意識しなくてもダウンスイングではフェースを閉じて左へ振っていこうとする傾向が生まれ、このパターンになるのだと思います。

逆に、インサイド・アウトにするには、腕を右に（時計回りに）ねじればクラブはインサイドから下りてきます。クラブを寝かせるというやつですね。

インサイドから下ろす動きを覚えると、ドローが打ちやすくなります。でもインサイドから下ろすことで必然的に増えてくるダフリやチーピンに悩まされると、クラブを上から入れようとして、再びクラブを立てる動きに戻るパターンもよく見られます。

パターン①
カラダは **オープン**
クラブは **アウト・イン**

パターン②
カラダは **クローズ**
クラブは **アウト・イン**

→ 腕を**左**にねじる

パターン③
カラダは **クローズ**
クラブは **イン・アウト**

パターン④
カラダは **オープン**
クラブは **イン・アウト**

→ 腕を**右**にねじる

腕を右にねじればクラブは寝てインから下りる

腕を左にねじればクラブは立ってアウトから下りる

パターン①と②の違い

回転を遅らせるからクローズになる

次に、4つのパターンを分けているもう1つの要素。つまり、カラダの動きがオープンなのか、クローズなのか。

これは基本的には、振ろうとするプレーンで決まってきます。**アウトサイド・インに振ろうとすればカラダはオープン、インサイド・アウトに振ろうとすればカラダはクローズになるのです。**

また、意識としてどう振ろうかと決めていなくても、クラブがアウトサイドから下りてくれば、それに合わせるためにも、カラダの動きはオープンになります。

つまり、パターン①はクラブがアウト・インで下りてくるため、それに応じてカラダもオープンになった動きのパターン。そこから、クラブの動き（腕の動き）には手をつけず、軌道だけをインサイド・アウトに変えようとすればパターン②になる。つまり、「胸を右に向けたまま」などの工夫を取り入れて、カラダの動きについて、回転を遅らせる要素を入れるからクローズになるのです。

言い方を換えると、クラブの動き（腕の動き）を変えずに、インサイド・アウトの軌道にするには、カラダの回転を止めて、クローズの状態をつくるほかないのです。

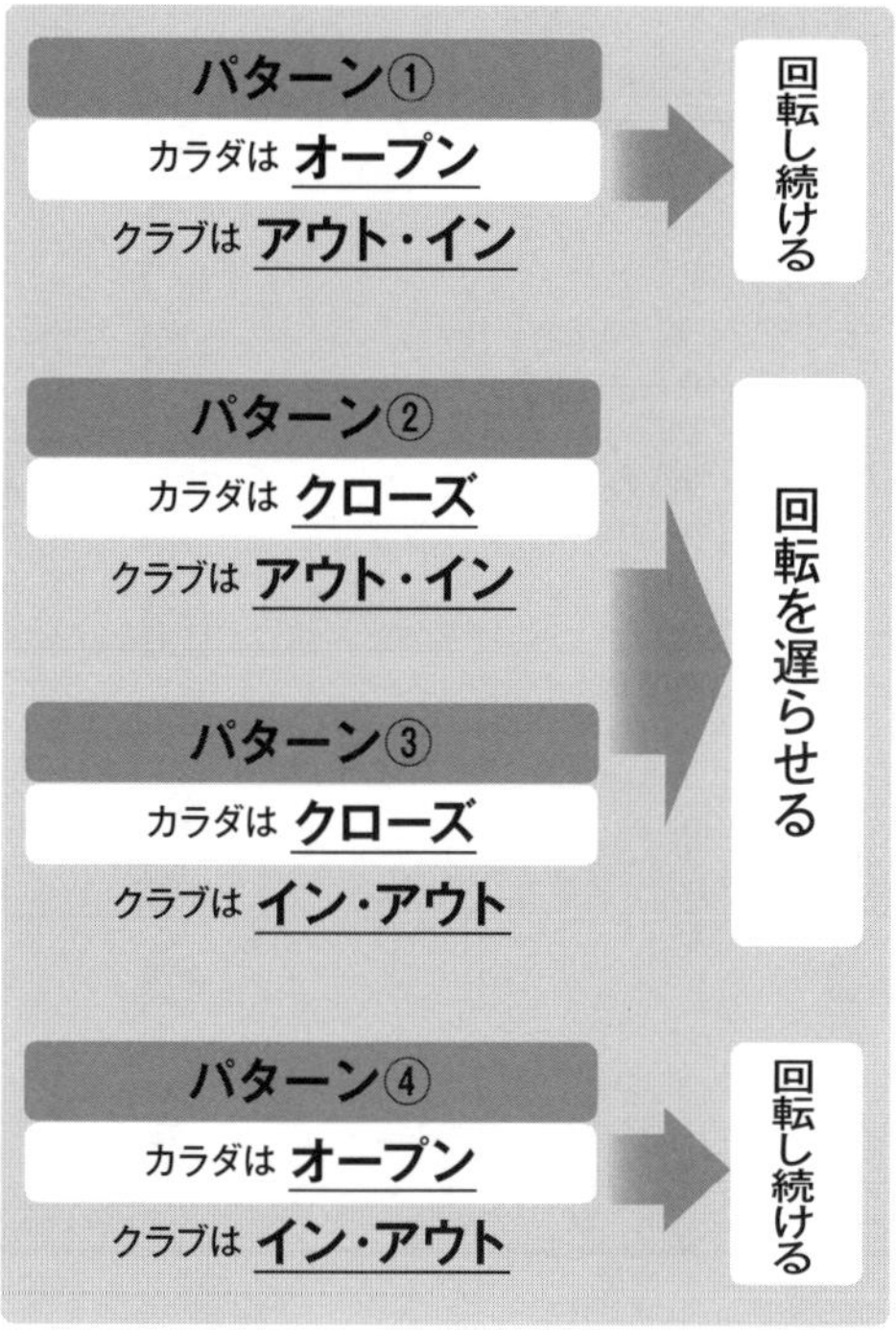

パターン①
カラダは オープン
クラブは アウト・イン
回転し続ける
パターン②
カラダは クローズ
クラブは アウト・イン
パターン③
カラダは クローズ
クラブは イン・アウト
回転を遅らせる
パターン④
カラダは オープン
クラブは イン・アウト
回転し続ける

アウトサイド・インで振ろうとすれば、カラダの向きはオープンになる

インサイド・アウトで振ろうとすれば、カラダの向きはクローズになる

パターン②になる理由

右への側屈が回転を遅らせる

そうは言っても、ダウンスイングの途中で回転など止めるものでしょうか。

「おれは、止めてなんていない。回転が止まれば、クラブだけ返ってチーピンが出るのが関の山だ」と思う人もいるでしょう。

しかし、このような事実があります。

GEARSのデータで見る限り、**ほとんどのゴルファーのダウンスイングの動きは右への側屈から始まります**。

「バックスイングでは回転しながら左へ側屈しているのだから、ダウンスイングは右へ側屈させなければならない」と考えれば、当たり前の動きのように思えます。

左右対称ならそうなりますね。

しかし、右への側屈を入れれば、切り返した直後から右肩は下がり始めます。**右へ側屈する反動で左肩が上がって左サイドは浮き上がります。右に倒れて、ウエイト**

も右に乗ります。

それによって回転は限りなくなくなっていきます。

ボールを上げなくてはいけない、と考えてもカラダが右に倒れますから、同じことになります。決して回転を止めようとしなくても、回転は止まってしまっていたのです。

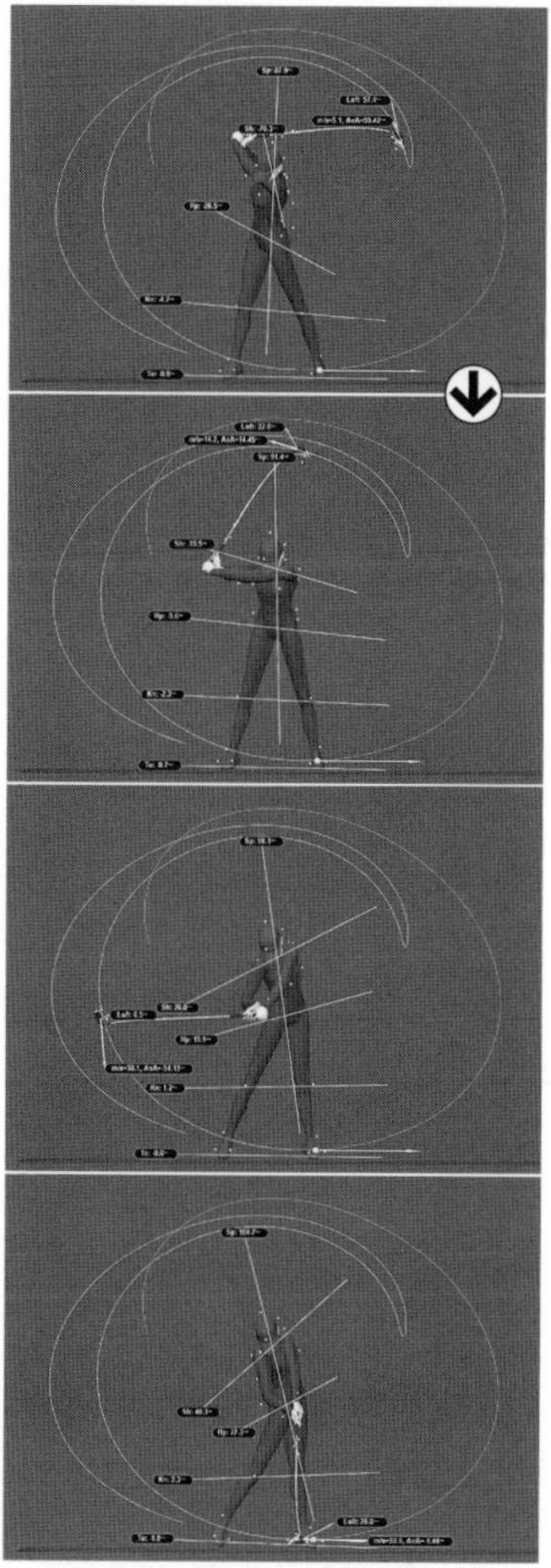

切り返し直後に、上体を右に倒している例。インパクトでほとんど腰が正面を向いている。つまり回転が止まっているため、フェースは一気に返ってしまう

「まず側屈」はパターン②と③には好都合

クラブの落下は側屈によっても起こる

トップの体勢から右に側屈してみてください。

どうなりますか?

頭は右に倒れ、体幹も右に傾き、左肩は上がり、ウエイトはさらに右にかかります。

左腰は右腰に比べて高くなり、前へ出たりもします。

クラブに意識を向けてみれば?

自然に真下へ落ちる感じもてますね。

いろいろ、つじつまが合ったりもするんです。

また、切り返しで体重を左方向へスライドさせるのも同じ。その結果、側屈が起きています。


「カラダを開きたくない」「インサイド・アウトに振りたい」「クラブを右回りさせる」などの意図を実現するためにも、カラダを右に傾けるという手段は有効にはたらきます。

この動きならば「カラダはクローズ」でインパクトを迎えられますから、動きのパターン②と③には、うまく当てはまります。

切り返しで側屈し、カラダを右に倒すと、クラブが自然に下りてくることが感じられる。カラダが右に倒れるので、インサイド・アウトに振りやすい

側屈するからウエイトシフトが必要になる

右への側屈でカラダがクローズの状態をつくり、クラブをインサイド・アウトで振ると、スイングプレーンの最下点が右になるため、ダフリやすくなります。

ですから、パターン③（カラダがクローズ、クラブはイン・アウト）の場合は、ウエイトシフトを積極的にして、最下点を左にズラしていかなければ、ダウンブローでボールを打つことはできません。

右に側屈することで胸の開きを遅らせ、クラブを真下に落としながら、左へスライドし、最下点を左にズラすのです。

こうすることで、インパクトへ向けて胸を右に向けておくことができ、クラブもインサイドから下ろさせて、ダウンブローでボールを打つ準備ができるわけです。

それに対して、パターン①はプレーンが左向きで、最下点が左になるので元々ダウンブローです。パターン②はカラダはクローズですが、クラブの動き自体はアウト・インで上から入ってきますから、ダフリはなんとか回避できます。パターン④はクラブはイン・アウトでアッパー気味になりますが、カラダをオープンにしていくことで、ウエイトシフトとは違う方法で最下点を左にズラすので、ダウンブローで打てるのです。

インサイド・アウトのプレーンでは最下点が右。そのため積極的にウエイトシフトをして、最下点を左にズラさないとダウンブローで打てない

腕振りからのフェースローテーションもマスト

パターン③について、さらに続けます。

左への踏み込みを加えることで、ダウンブローの準備ができました。

が、トップからクラブを真下または寝かせて落としているだけだと、フェースは開いて、大きく右に向いた状態です。

このままインパクトしても右にすっぽ抜けます。

そこで必要になってくるのがフェースローテーションです。

腕を今度は左にねじることで、開いていたフェースを閉じていきます。

「ハンドルを右から左に回す」という表現をすることもありますね。

切り返しから、いきなり回転するのではなく、クラブをインから入れるためにクラブを寝かせたり、体幹を右に側屈させたりします。そして、腕を振り出しながら、腕をねじり、フェースをターンさせ（ハンドルを左に回し）インパクトをつくることになります。

大きくフェースを開いて閉じるため、インパクトは点。そのタイミングを合わせることが大切ですがなかなかむずかしいタスクです。

腕を振る動き、腕をねじる動きをメインとして、積極的にはカラダを回転させません。だからカラダには楽なスイングです。

「ボールを包むようにインパクトする」などといった表現がよく使われます。微妙な感覚を養うほど、練習を積んで熟練していくことが、タイミングを合わせ続けるカギになるとは言えますね。

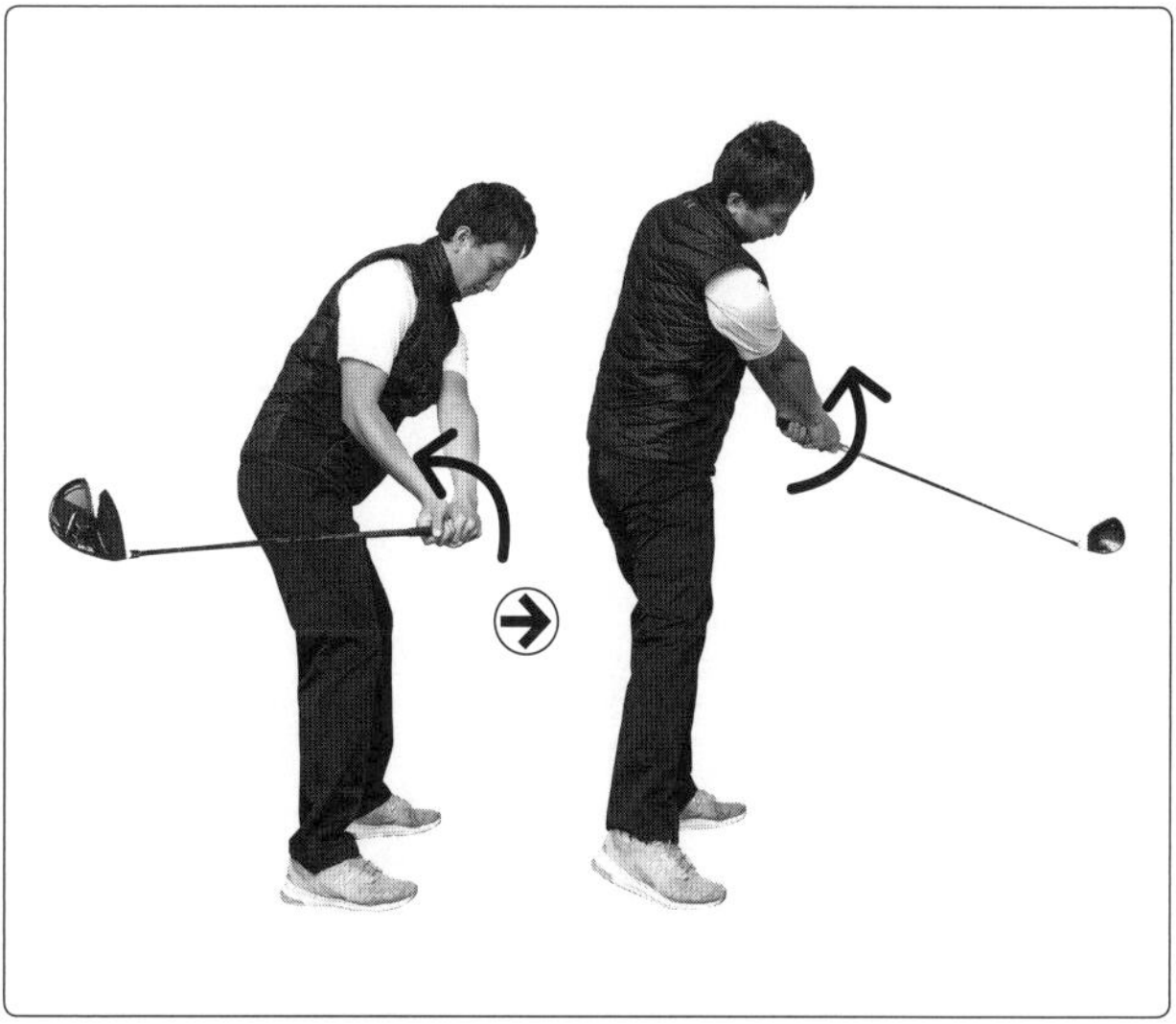

クラブを右回転させて寝かせ、リリースに合わせて左ハンドルを切ってフェースを一気に返していく。インパクトのタイミングを点で合わせるスイング

4つめのパターンとは？

切り返しでまず回転する

ＧＥＡＲＳの測定データからわかったのは、ほとんどの人が、トップからいきなり側屈を入れ、右肩を下げていることだと説明しました。

それ以外の動き方があるのでしょうか。

左へ側屈している状態のトップから、そのまま回転する、という選択肢もあるのです。

右へ側屈せず「回転しよう」とすると、左肩は低く右肩は高いまま。ウエイトは意識的にシフトしなくても、左が低いので自然に左に移ります。軸はまるで左に倒れる感覚。側屈したまま、体幹のねじれを戻しただけ。だからカラダが正面を向いたときには、カラダは左に倒れているのです。

実際に試してみると、突っ込む感じがして気持ち悪いと思います。

しかし、これがパターン④の「カラダはオープン」をつくる動きになっていきます。右への側屈をしないわけではありません。始めるタイミングを遅らせるだけです。事実、トッププロはこのように動いています。それはGEARSの測定データからも明らかなのです。

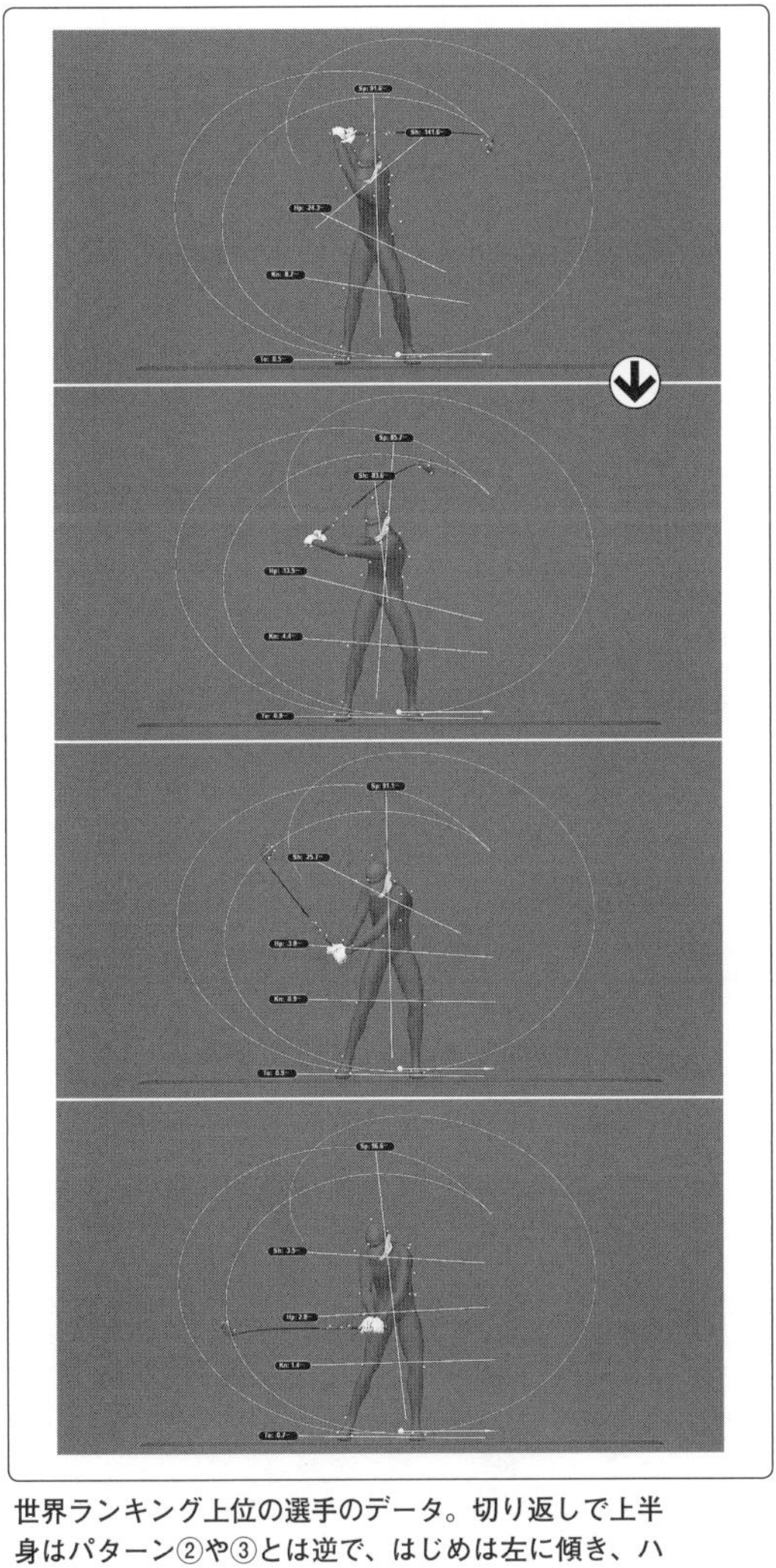

世界ランキング上位の選手のデータ。切り返しで上半身はパターン②や③とは逆で、はじめは左に傾き、ハーフウェイダウンにかけて少し右に傾いてきている

パターン①とパターン③をイイトコどり

カラダはオープン、なおかつクラブをインから下ろす

トップからそのまま回転し始める動きを説明しました。左に突っ込む感覚でした。これでクラブの動きがアウト・インならばパターン①になってしまいます。

パターン④は、「カラダはオープン、クラブはイン・アウト」です。カラダの準備はできたので、あとはクラブを「インサイド・アウト」にすればいいのです。

つまり「クラブを右回し」、または「右ハンドル」または「クラブを寝かせて下ろす」。これをすると、クラブが下りてきます。

でも、ヘッドがものすごく後ろで、遅れた位置にあると感じると思います。そのままでは振り遅れそう……だからといって手を使って追いつかせようとしないでくださいね。

そのまま、カラダを回し続けてください。カラダを開いて左に振っていく体勢をつくる一方、クラブがものすごくインから下りてくる感じがするくらいで大丈夫なのです。ヘッ

ドが遅れてくるのはつまり、昔から言われている、レイトヒットです。

大切なことは、クラブを自分で（自分の手で）振ろうとしなくていい、ということ。「振ろうとする動き」こそがクラブをアウトから下ろす原因なのですから。

いままでの動きの感覚やタイミングの感覚とは、まったく違うと感じると思います。それが、パターン③からパターン④へ移行するときのむずかしさですね。

トップからカラダは右への側屈を入れずに回転しはじめ、クラブはインサイドにループさせる。手は使わずにカラダの回転でインパクトへヘッドを入れていく。いままでの感覚からすると、写真のように突っ込んで動いているイメージになる（あくまでも感覚）

ローテーションのつくり方は2種類ある

フェースは手で返すか
カラダの回転で返るのを待つか

パターン③の場合は、腕で積極的にフェースをローテーションさせます。

パターン④の場合は、体幹の動きでフェースをローテーションさせます。

③と④の違いは「カラダの動きがクローズなのか、オープンなのか」ですから、そうした体幹の動きの違いが、クラブの動きやフェースのローテーションをつくる動きに大きな影響を与えている、ということです。

パターン③のようにカラダをクローズにして使うイメージだと、クラブの動きはもちろん、フェースの動きも自分で能動的につくっていく必要があるということ。

それに対して、**パターン④のようにカラダをオープンにするイメージならば、体幹の動きによって受動的にクラブが振られ、フェースが返されていくのです。これが「トランク（体幹）ローテーション」です。**

フェースが受動的に返されていく場合、「腕は使ってない」「手は何もしてない」などという感覚になります。開いていたフェースが閉じていく動きのイメージがゆるやかになるため、そう感じやすいのですが、フェースのローテーションは起きています。**ローテーションという現象がないということは、絶対にありません。**

みなさんも自分がどうローテーションさせているのか、考えてみてください。

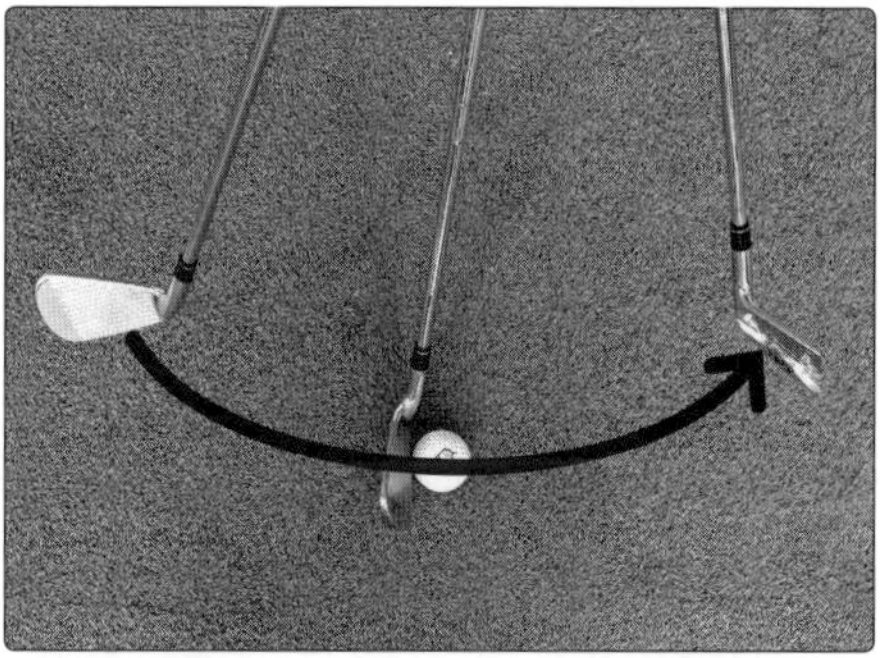

手の操作でフェースローテーションをつくると、半径の小さな弧で、フェース向きの変化も大きい

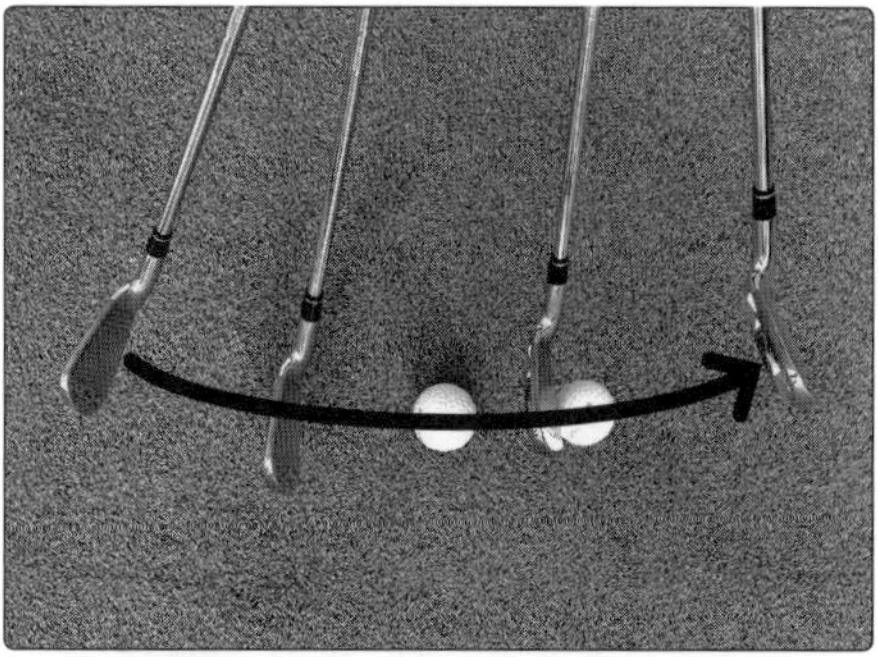

カラダを回すことでフェースの動きをつくる。クラブの動きはなだらかな円弧を描き、フェース向きの変化も小さくなる

シャフトを左に回す動きをいつ入力するか

クラブを「シャフト軸に対して回す」という言い方があります。右に回せばフェースが開き、左に回せば閉じます。

フェースはかならず開いて閉じるわけですが、閉じるタイミングがいつなのかというのは、人によって違いのある部分です。

多くの人はインパクト直前だと思います。手には何もさせたくないと主張している人でも、実際には直前から閉じているパターンが多いです。

それは、ボールのとらえ方のイメージにあります。どういうクラブの軌道とフェースの管理の仕方でボールをとらえるイメージをもっているか、というところに影響を大きく受けているのです。

強いインサイド・アウトを求めているならば、ボールを包み込むように腕でクラブを動かしていくイメージではないでしょうか。そうすると、インパクト直前からシャフトを左に回していくことになります。

ほとんどの人のGEARSのデータでも、インパクトギリギリまでフェースはボールに向かっていきません。それでうまくコントロールできているのなら問題はないです。

しかし、中には、**切り返し直後から、早い人ではバックスイングから左に回しておく人もいます**。海外の選手の多くはそういうパターンです。

このタイプの人は、早い段階からフェースがボールの方向に向かって動いていきます。インパクトを長いゾーンでとらえようというイメージなのです。

ゾーンでとらえるとは、こういうところから来てるのだと思います。点でとらえるとは前者のことを言います。

海外の選手のスイング動画をスロー再生でじっくり見てみてください。そして自分のフェースの向きと比較してください。あなたはゾーンですか？　それとも点ですか？

開いているフェースを閉じる動きは、フェースで言えば「返す」やローテーションという表現を使うが、シャフトの軸で考えれば「回す」とも言える。「返す」では切り返し直後はもちろんバックスイングでも行うイメージがもちづらいが、「回す」ならばより早い段階で可能になるうえ、インパクトがゾーンになる

「ヘッドでボールを押す」感覚とは

「ボールを押す」と言いますが、ボールがフェースにくっついている時間は本当に一瞬です。「いまのはくっついた」「いまのはくっついてない」というのは、ハイスピードカメラでもわからないレベルです。

では、何で「押せた・押せない」と感じているのでしょうか。

インパクトでボールを押している感覚が「ない」という人は、インパクト後、大きく減速していることがほとんどです。または、インパクト手前でヘッドスピードが最大になり、インパクトを減速していく中で迎えているパターンです。

「押せた感じがある」という人は、逆に、インパクト後のヘッドスピードはさほど落ちていかないことがほとんどです。

インパクトでヘッドスピードが最大になるのは、ヘッドがボールに当たって減速させられ、それ以降が遅くなるから。だから、その直前が最大値になるわけです。もしボールがなければ、ボールがあった場所より後にヘッドスピードがマックスになったはずということです。

だから、インパクトでマックスにしようとしてる人は、それ以降は減速していくのですから、ボールを押す感覚は感じられません。

インパクトのあとでヘッドを加速させると言いますが、それがこれにあたるのではないでしょうか。

第3章

ポジション別
つじつまを合わせるヒント

THE REAL SWING ザ・リアル・スイング
最適スイング習得編

カラダの向き、手の位置と振る方向を合わせる

まず、ポジション1＝アドレスです。

アドレスというと、「基本はこうだ！」と誰にでも当てはまる1つの形があるように説明されることがほとんどですが、**ここでは「どのような構えでもあり」としておきます。**どんな構えでもいい球を打つ人はいるからです。

ただ、アドレスの体勢によって、動きやすい動き、動きにくい動きがあるわけです。それが「どういうスイングをしたいのか」または「どういうスイングをしているのか」という部分と合致しているかどうか。そこにしか「こうだ！」と決める根拠はありません。

「スクエア」ということにこだわる必要はあまりなく、また、「全身、上から下までラインを平行にそろえる」ということにこだわる必要がないことは、トッププロたちのGEARS測定データが証明しています。**決して、「スクエアにすることがすべて」ではないのです。**

簡単な分類としては、第1章でも紹介しましたが、正面からの見え方で、Y字、K字、逆K字のどれになっているのか。それが、カラダの動き方、そしてプレーンの向きに結びつきやすいので、確認してください。

K字

＝手の位置が右にあり、肩は左を向く

「カラダ：オープン」「クラブ：アウトサイド・イン」に合いやすい

Y字

＝手の位置は、左太もも内側

中間的

逆K字

＝手の位置は左にあり、肩は右を向いている

「カラダ：クローズ」「クラブ：インサイド・アウト」に合いやすい

プレーンをどの向きにして振りたいのか、というイメージから手の位置などが決まってくる

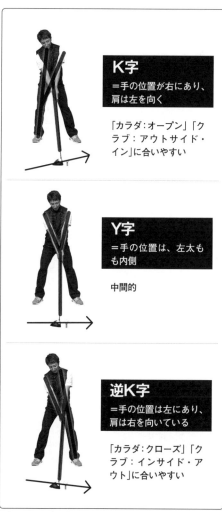

振りたい方向とカラダの回りやすさの関係

カラダをオープンにして振るイメージに合わせるには、はじめからカラダを左に向けて構えることはもちろんですが、「カラダを左へ回転しやすくしておく」ことも有効です。

逆に、インサイド・アウトの軌道で振るには、カラダを右に向ける、つまりクローズに構えるか、「カラダが開くことを抑える」体勢にしておくことが有効です。また、左に回転しづらい状態をつくるには、「右に回転しやすくしておく」ことが相対的な効果を出すこともあります。

「左に振りたいのに、クローズに（右を向いて）構える」など、つじつまの合わないことはしないほうがシンプルになります。

スタンスの向きについては、スクエアにこだわりたい場合があると思います。その場合でも、飛球線と平行に構えたとしても片方のツマ先だけ外に向けることで、オープンスタンスやクローズドスタンスと同じ効果を得ることができることを付け加えておきます。

スタンスの向き
オープン

スタンスの広さ
狭め

ツマ先の向き
右＝真っすぐ
左＝外向き

「カラダ：オープン」
「クラブ：アウトサイド・イン」 に合いやすい

スタンスの向き
クローズ

スタンスの広さ
広め

ツマ先の向き
右＝外向き
左＝真っすぐ

「カラダ：クローズ」
「クラブ：インサイド・アウト」 に合いやすい

どこから始動するかは、人それぞれ！

スイングの始動のアドバイス

始動については、「手からではなく、カラダで始める」「一体にして動かし始める」「ヘッドから動かす」など、さまざまなセオリーがあります。

でも、アウトサイド・イン、インサイド・アウトとも、どこから動き出したとしても、思い描く軌道に導くことはできます。

始動は、きっかけづくりなのでどこから動かそうが、何でもいいのです。違和感なく動き出せれば、スムーズな動きになっていくものです。

アドレスからどのように動き出すか。手だけ、肩だけ、手とカラダと一体に、または体重移動だけ、顔だけ。さらには、反対方向に動かす「フォワードプレス」という例もあるが、どれも間違いではない

ポジション2のアドバイス

手とカラダを一緒に動かすか、別に動かすか

ポジション2で多く見つかる動きは、次のとおりです。

①クラブがインサイドに上がる
②フェースが開く
③クラブがアウトに上がる
④腕、手がカラダから離れる

どれも間違いではなく、いいと思いますが、「直したいな」と悩んでいる場合は、次のことを試してみてください。

クラブがインサイドに上がるのは、側屈を使わず、回転だけしている場合です。左への側屈を意識してみると、クラブの上がり方が変わってきます。試しに回転しないで側屈だけしてみてください。クラブが外に上がっているのがわかると思います。

手がカラダから離れるのは、カラダを止めて腕だけで始動するなど「手で押す」動きが

入っていることが多いと思います。直したいと考えるなら、手先の動きを抑えて、カラダ、腕、クラブを連動させるように意識してください。

また、**フェースが開いたり、閉じたりというのは、腕をねじっていることが原因です。**グリップの向き次第によっても腕の動かし方は変わります。意図している向きにフェースの動きをコントロールするには、どのように腕をねじるのか、またはねじらないのか、そういう部分についてグリップの向きとの兼ね合いも含め、試行錯誤してみるといいと思います。

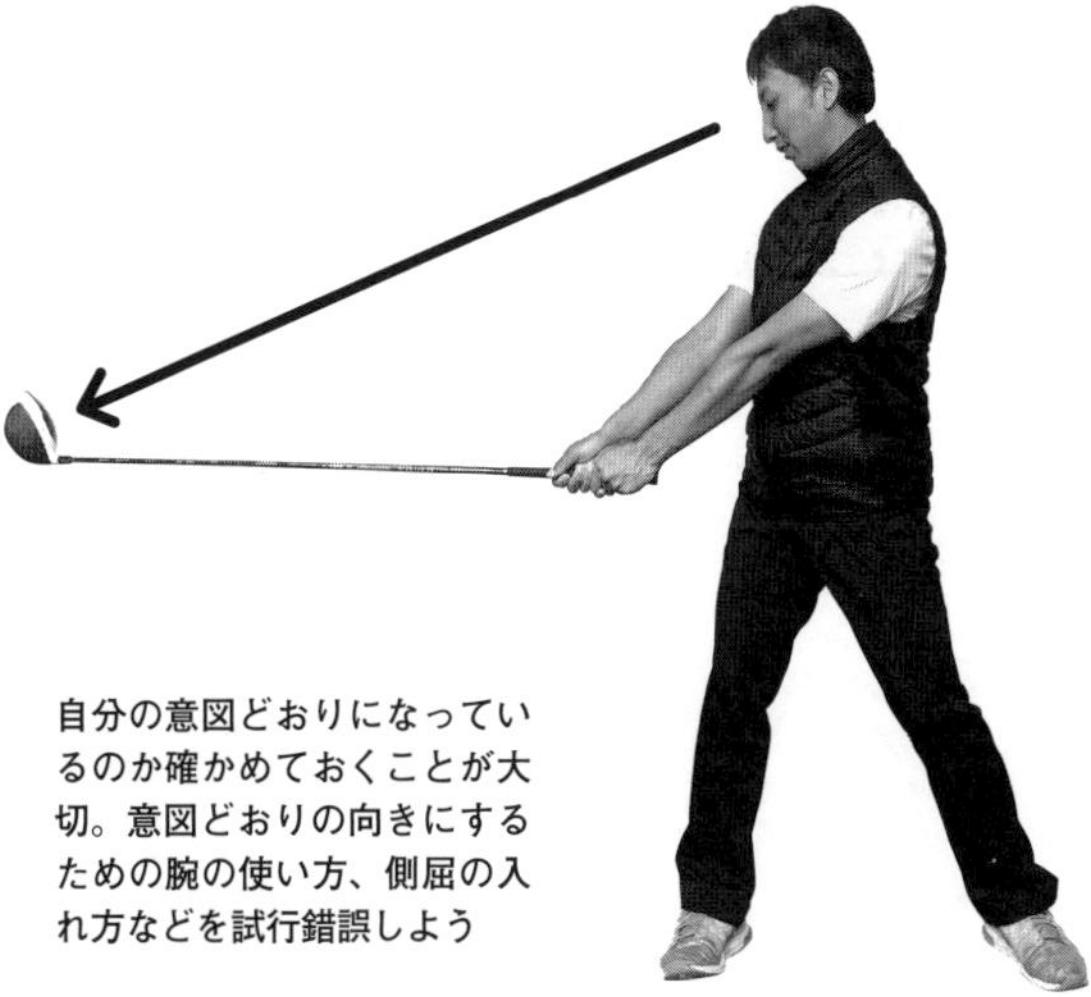

自分の意図どおりになっているのか確かめておくことが大切。意図どおりの向きにするための腕の使い方、側屈の入れ方などを試行錯誤しよう

ポジション3のアドバイス

ハーフウェイバック前後に「入れ替え」を意識する

ポジション3で多く見られる動きのパターンは次のとおりです。

①右ヒジが曲がらない
②ヒジがカラダの前から外れる
③カラダの回転が少ない
④インサイドに上がる

フェースをシャットの向きでキープすることにこだわっている人が最近は多く、その結果、右ヒジがたたまれずにポジション3までくるケースがあります。フェースがずっとボールを向いた状態で上げていくと、肩の回転にしたがって1つのプレーンでクラブを上げていくことができます。が、このプレーンではポジション3以上、クラブを上げていくことができません。**どこかの段階で、グリップエンドが地面を指す方向に「入れ替え」をする必要があるのです。**「入れ替え」は、手より下にあったヘッドが、手と入れ替わって上になると同時に、閉じていたフェースが開くイメージです。

よく見られるのが、その入れ替えを行う際にヒジを抜いてカラダの前から外し、ヘッドをインサイドに上げていくパターンです。フェースをシャットにしようと「肩の縦回転」だけで上げていくイメージだと起こりやすいです。

始動後、フェースがボールを向いている時間があり、そのあとで右ヒジがたたまれ、クラブの入れ替えが起こり、徐々にフェースをシャットにするのが、多くのプロに見られる動きです。

また、ポジション3からはカラダを回転させるのがつらく、多くの人は止めたくなります。止めると、それ以上は手先でクラブを上げていくことになります。回らないならポジション3でバックスイングを終わらせてしまうのも1つの解決策です。バックスイングの大きさが飛距離に直結してるわけではないので、問題ないかと思います。

左腕が地面と水平になる振り幅まで、理想どおりに上げてこれれば、そのサイズのスイングでプレーする選択肢もある。スイングをこれ以上大きくすると途端に「イメージと実際」のギャップが大きくなりやすい

伸び上がりは「悪」とされてきたけれど……

ポジション4＝トップで大きな問題になりがちな動きを説明します。

①オーバースイング
②フライングエルボー
③スエー

ポジション3から4には回転と側屈だけではなく、前傾を浅くする動き（伸展）が加わっています。上半身が回るのにつれて、前傾が側屈に変わって、前傾の角度がキープされるのです。

カラダが硬い、回らない、回せないなど回転が不足すると、「トップの大きさとして足りていない」と感じ、腕や手先を動かしてクラブを大きく回していき、結果的にオーバースイングになる傾向が見受けられます。インパクトの安定度が損なわれるようなら、そこまでクラブや腕を振り上げなくてもポジション3、または3・5程度でとどめるという対策もとれます。

バックスイング前半の動きのスピードが遅い人も、バックスイング後半から勢いをつけるため、オーバースイングになりやすい傾向があります。

右ヒジが高く上がる「フライングエルボー」は、理想的な切り返しの動きがむずかしくなりますから、安定を求めるなら直したほうがいいと言えます。パターン④で説明した「クラブを背後に寝かす」動きをイメージすると解消されるケースもあるので試してみてください。

スエーについては「体重移動しなければいけない」というカン違いから起きていたり、伸展させないことが原因になっているケースが多いです。**一生懸命伸びないようにしていてスエーしてしまっている人は、もしかすると伸展してみたら問題が解決するかもしれませんよ。**

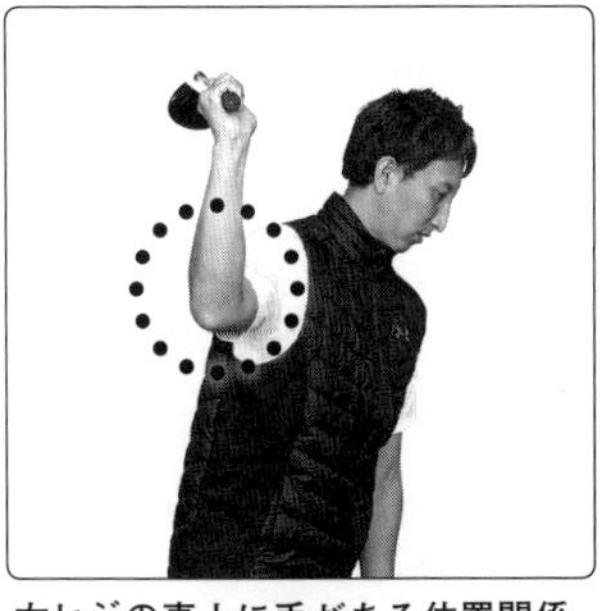
右ヒジの真上に手がある位置関係ならば、ここから「クラブの右回し」など、クラブの重さを支えながら効率のいい操作が加えられる。試してみてほしい

右ヒジがカラダから離れて上がっていくのが「フライングエルボー」。オーバースイングになり、ダウンスイングでクラブのコントロールができなくなる原因となりやすい

バックスイング全般にわたるアドバイス

「ヒザのリリース」で回転しやすさを補える

バックスイング中に「ヒザの角度をキープ」「正面に向けておくこと」が大切と言われてきました。

ヒザの位置が固定されることで、腰の回りすぎがなくなり、それによって肩と腰の捻転差を大きくできます。また「ヒザが流れる」、つまりヒザが横にズレて、スエーになることも防げるでしょう。

しかし、最近ではセオリーが変わり、**ヒザはキープせず「リリースしていい」となってきました。**「リリース」とは、言葉どおり「伸ばす」ということです。ほかの動きによって受動的に伸びたり位置がズレることは許していい、という意味です。

回転しやすくなり、打ちやすくなる可能性があります。

ヒザを「リリース」するとヒザの左右の高さ、腰の左右の高さが変わりますが、変わったからといって打ちにくくなることもないと思います。

がまんしすぎることはないのです。

バックスイングがしづらかったらリリース、つまりヒザを伸ばしてもいいと考えれば楽になります。「○○がダメ」なんてないんですよ。

「右ヒザを正面に向けたまま曲げておく」ことにこだわる必要はない。ヒザをリリースすると、それだけでバックスイングの回転量を格段に増やせる

シフトについての2つの考え方

これまでカラダの重さをバックスイングとともに右に動かし、ダウンスイングでは左に動かしていく、という考え方が主流でした。重さの移動、つまり「ウエイトシフト」です。

それが、最近では、「プレッシャーシフト」、つまり負荷のかかる場所が移動するという考え方が出てきて、2通りになってきました。

どういう違いなのか。

重さを移動しようとすると、カラダが左右に動きます。その動きを大きくしようとすれば頭やカラダの中心が大きく動くことになり、インパクトで戻してくることがむずかしくなります。

プレッシャーシフトは、見た目ではそれほど左右には動かなくなります。

試しに、カラダを左右に動かさずにその場で左側屈と右回転をしてみてください。右に倒れながら回転していくと、右足の内側に負荷（プレッシャー）がかかってくるのがわかります。

　ウエイトのシフトから、プレッシャーポイントのシフトに発想を切り替えることで、よりスムーズにスイングができるようになる人もいると思います。とくに、軸を左右に動かしたくないと考える人にはいいかと思います。

バックスイングで右足を踏み、ダウンスイングで左足を踏み込むイメージで、カラダを左右に大きく動かすスイング。パターン①から③に合いやすい

バックスイングでは右足にプレッシャーがかかってくる。ダウンスイングではそれを左に移す。それがプレッシャーシフトの発想

切り返しは2通りある まずスライドするか、回転するか

ポジション5、ダウンスイングの始まりで起きる問題は次のとおりです。

①スライド
②キャスティング
③アーリー・ティルト、アーリー・エクステンション
④クラブが立って下りる

バックスイングでも説明したように、シフトについては2通りあるので、ウエイトシフトの意識で左右にスライドしてインパクトが不安定になっているようなら、プレッシャーシフトの考えで動きをつくってみるといいと思います。

キャスティングというのは、ダウンスイングでヘッドを先に戻してくる動きです。手首の問題ですね。これを改善するには、次の動きを試してみるといいと思います。

右に側屈する。クラブを背中側に倒す。手首をキープする。右ヒジを真下に落とすなど。

つまりグリップエンドを早めに低い位置へと誘導することで、ヘッドだけを戻そうとする動きを抑えられます。

ただ、グリップエンドを低くする動きによって、アーリー・ティルト（早いタイミングで右に側屈し、カラダの左側が伸びる）が発生します。それがアーリー・エクステンション（早いタイミングで伸び上がる）につながりかねないことは念頭に置いてください。

伸び上がる動きは前と上、傾く動きは左右と上下の動きが組み合わさったものですが、それらの必要以上の動きを抑える対策は、体幹のもう1つの動きである、回転以外はありません。

クラブが立つというのは、言葉どおりです。クラブを立てなければいけないと昔から言われてきて、寝かすことが「悪」になっていたのが最大の原因ですね。

最近は、寝かすことが流行っていますが、寝かすことがすべてでもありません。バックスイングとダウンスイングは動かす方向が違いますから、「方向を入れ替える」作業が必要なのです。立てて上げたら、下ろすときに寝かす。トップでクラブがすでに斜めに倒れている（レイドバック）場合は、バックスイングで上げてきた軌道をなぞるように下ろすのもアリです。トップでクロスする人は、寝かすという表現が合うかもしれません。試してみてください。

ハーフウェイダウンの問題について

ポジション5からポジション6に進んでくるにしたがって、遠心力も増え、それにクラブやカラダが動く方向も制御されます。顕著に見られるようになる動きといえば、次の動作です。

①右足の上に体重が残りすぎる
②さらにエクステンション、ティルトする
③立てたクラブが寝る

意外に多いのは、右足の上にがっつり体重が残りすぎるパターン。右に倒れすぎたことが原因でそうなります。「ビハインド・ザ・ボール」という魔法の言葉が「好き」な人もこうなることが多いですね。

この言葉は、カラダをさらに右へ傾ける動き（ティルトおよびエクステンション）を生みます。

「胸を右に向ける+ビハインド・ザ・ボール」。その答えは、「もうどうやっても右足にしか体重が残りません！」。

結果として「ビハインド・ザ・ボール」の形になるのと、実際その形をつくろうとしてできた状態は違います。**回転を使わなければアーリー・エクステンションを抑えることはできないのです。**

カラダが傾けばクラブはおのずと寝ます。そしてフェースも開きます。カラダの動きにクラブの動きは大きく影響を受けますので……。

3つの問題をもし改善したい場合、対策は1つです。**過剰なビハインド・ザ・ボールや「胸を右に向ける+下半身だけの左へのスライド（踏み込む）」をやめることです。**

高速でフェースの向きが変わるパターンの動きでは、ダウンスイングでのフェースの向きを自分でコントロールすることはむずかしい。だが、ポジションごとに実際のフェース向きと、その際の腕を使い方を確かめておくことが修正をやさしくする

右に倒れ、左サイドが伸びると、回転しづらくなる。つまり、そこから手でクラブを振っていく動きには合っている

ポジション7のアドバイス

インパクトゾーンではたらく遠心力への対処

ポジション7はインパクトになります。

クラブにかかる遠心力も負荷も、インパクトに向けて大きくなっていきます。

そして、**蓄えてきたエネルギーをインパクトに向かって解放していくのですが、どう解放していくのかは、「どういうインパクトのイメージをもっているか」「どうカラダを使おうと考えてるか」などで変わってきます**。

それらの負荷に、完全に負けて、引っぱられ続けてまさに〝遠心力の言いなり〟にインパクトを迎えるのか。

遠心力に勝ち、自分の意図でクラブをインパクトに導くのか。

ボールが押せるか押せないかも、そこに委ねられる部分です。

バックスイングで高い位置へ上げたクラブを、カラダの横から前を通して振り抜こうとすれば、つくり出した遠心力が下・横・後方・前方などにかかっていきます。そして、カラダはそれに引っぱられます。

その力に対抗するには、側屈、回転、屈曲、伸展、左右のスライドをうまく組み合わせられるかがポイントなのです（152ページ参照）。

つくり出されたエネルギーをすべてうまくインパクトに導ければ、方向性を犠牲にすることなく、飛距離は伸びます。しかし、それができなければ、腕や手先を使って最終調整することになります。

側屈、回転、屈曲、伸展、左右のスライドといった動きをうまく組み合わせて使って遠心力に対抗する。前傾角のキープにもつながり、方向性もエネルギー効率もよくなる

ダウンスイングでカラダの動きをうまく組み合わせられないと、遠心力などに対抗できず腕や手先を使ってインパクトを合わせるしかない

ポジション8のアドバイス

インパクト後にクラブがどこへ抜けていくか

ポジション8から問題となってくるのは、クラブが抜けていく方向でしょうか。

①腕とクラブがカラダから遠く離れる
②左ヒジが引ける

「クラブもカラダも寝かせて、強いインサイド・アウトのプレーンでドローを打つ」と考えている人は、腕をカラダから離してフォローを外に抜いていきます。「カラダの左サイドで、ヘッドで大きな円を描く」というセオリーにも合致する動きだと思います。

飛球線後方から見た場合、このように振り出すと手とヘッドはカラダから離れていきます。そして、手もシャフトも肩よりも高い位置から縦に抜けていきます。フィニッシュでも手の位置は高くなりますね。アーリー・エクステンションのケースも、カラダが左を向く前に伸び上がり、回転が大きく減速されるため、手とシャフトが抜けていく位置は高くなります。

パターン④のようなアウトサイド・インの感覚で振ると、ポジション8ではまだ腕もクラブもカラダから離れていきません。飛球線後方から見た場合、ポジション8で両手はカラダの陰に隠れる感じでインに入ってきています。そして、肩、または肩より低い位置から手とシャフトが抜けていきます。

左ヒジの引けについては、ダウンスイングでのキャスティングが原因のパターンがあります。ヘッドを早くほどくため、ボールの手前でヘッドと地面の距離が近づきすぎる、つまりダフリそうなので、ヘッドを引っぱって戻そうとするのです。正面でインパクトしたい、ボールを上げたい、クラブを速く振りたいなどの意識も、ヒジが引けやすくなる原因となります。

胸を右に向けたままキープすることをやめることで変わるかもしれません。切り返しからクラブを寝かすことで変わるかもしれません。いろいろ動きを試してください。

パターン④の動きでは、ポジション8で手はカラダに近くにあり、後方からは見えなくなる。ポジション9でも手は低い位置になる

ポジション9のアドバイス

クラブは背中の後ろまで回していく

ポジション9は、右腕が地面と平行くらいまで振り抜いてきたとき。

このあたりで目立つのは、そこからフィニッシュまで振っていけず、前のめりになるパターンでしょう。

これはやはり、**キャスティングすることで早いタイミングでヘッドが地面と近くなるのに対して、カラダを伸び上がらせて防ごうとするなど、回転が止まる要素を入れたことが原因です。**

カラダがそれ以上回転していかなければ、クラブを左からカラダの後ろ側へ振り抜いていけなくなります。本来は自分の背後までヘッドが動いていくことでバランスがとれていたのに、それがないので、前のめりになるのです。

背中の後ろまでクラブを振って行くには、アウトサイド・インの軌道のほうが有利です。

インパクト以降、インに入ってくるため、カラダと手、クラブが近くになることもその理由の1つ。インサイド・アウトではポジション8以降、手が離れていくのでカラダを回し続けることがむずかしいのです。

インサイド・アウトを強調すると、フォロースルーで腕がカラダから離れるため、カラダの回転が止まってしまう

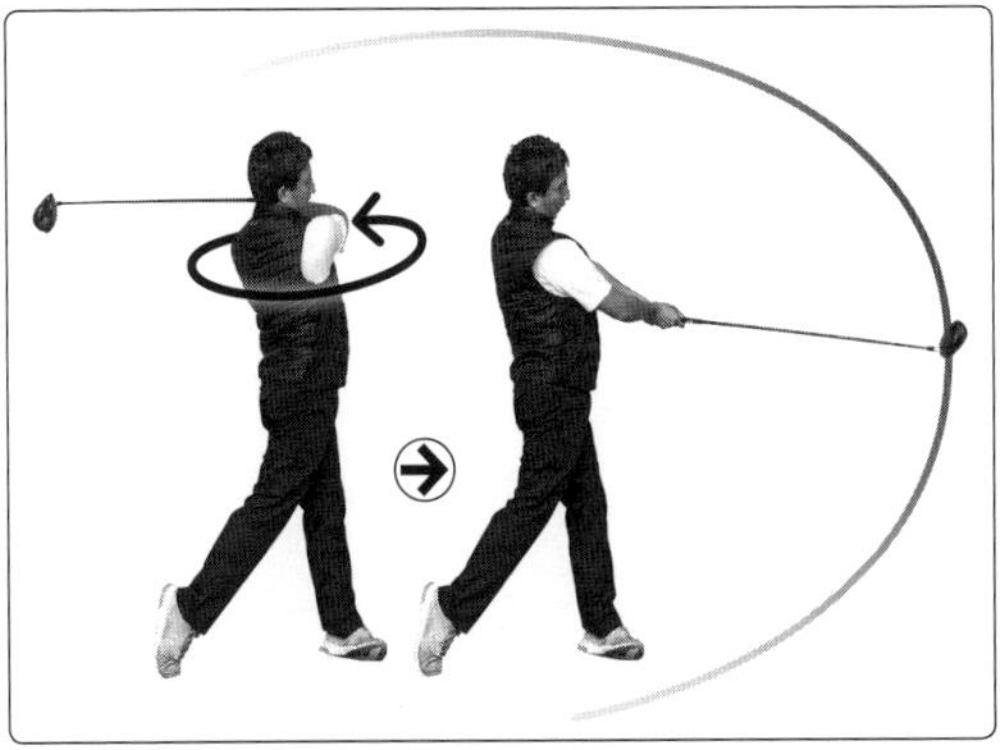

アウトサイド・インで振ると手がカラダの近くにあるため、カラダの回転は止まらない。そのため、肩が大きく回ったフィニッシュになりやすい

ゴルフスイングは本当に忙しい

速く振る人で、始動からインパクトまで1秒切ります。遅いと2秒とか3秒とか。

その差はほとんどバックスイングに費やしている時間の違いです。トップからインパクトまで速い人で0.3秒くらい。遅くても0.6秒くらい。さほど差はありません。

そんな超短時間ですから、考えながら、それを実際のスイングの動きに反映させる時間などないわけです。

多い人は20項目くらいチェックポイントをもっていたりするようですが、考えられたとしても1つがいいところではないでしょうか。ですから、チェック項目の中のいくつまで考えなくても実行できるようにしておけるかが勝負になるわけです。

そもそも「スイング中に考える」のをやめることをすすめます。もちろん、無意識の中で勝手に動く状態（「身勝手の極意」と私は呼んでいますが）になれば考えなくてもすむわけですが、その状態を身につける段階では、本で勉強するなりしつつ大いに考えながら練習するのはいいと思います。

そういうことを考える時間も楽しいので、その楽しみを奪うつもりはないです。

けれどもやっぱり、考えすぎながらボールを打ってもカラダが動かなくなるなど、マイナスのほうが多いと思います。

最終的には「構えてパン」です。

第4章

分析データから見えてきた最新スイング

バックスイングはどう上がっていてもいい

これはフルスイングに限定しての話ですが、どこにどんな上がり方をしていようが、下り方さえうまくいけば、いいのです。うまく下りていれば、意図に沿った打球が出ているはずです。

レッスンをしていて感じるのは、多くの人が「ここに、こうやって上げて……」と、バックスイングの動き方を確認することに多大な時間を費やしていることです。ていねいに、理想どおり、きれいなフォームでバックスイングしていって、イメージどおりに上げていけたからといって、その先がうまくいかなければすべては水の泡です。

理想のバックスイングができれば、ダウンスイングも理想的になる、という保証はどこにもありません。時間をかけるなら、ダウンスイングの軌道をどうしようかとか、フェースの向きはどうなっているか確かめるなどのほうにしないと、いつまでたっても結果は安定しないのです。

ただ、下ろし方を考えることで、どのように振りたいかというイメージが深まっていくと思います。すると、その結果として、バックスイングの上げ方も変わってくると思います。**やはり「どう打つのか」というイメージがあって、動きがつくられているのです。**

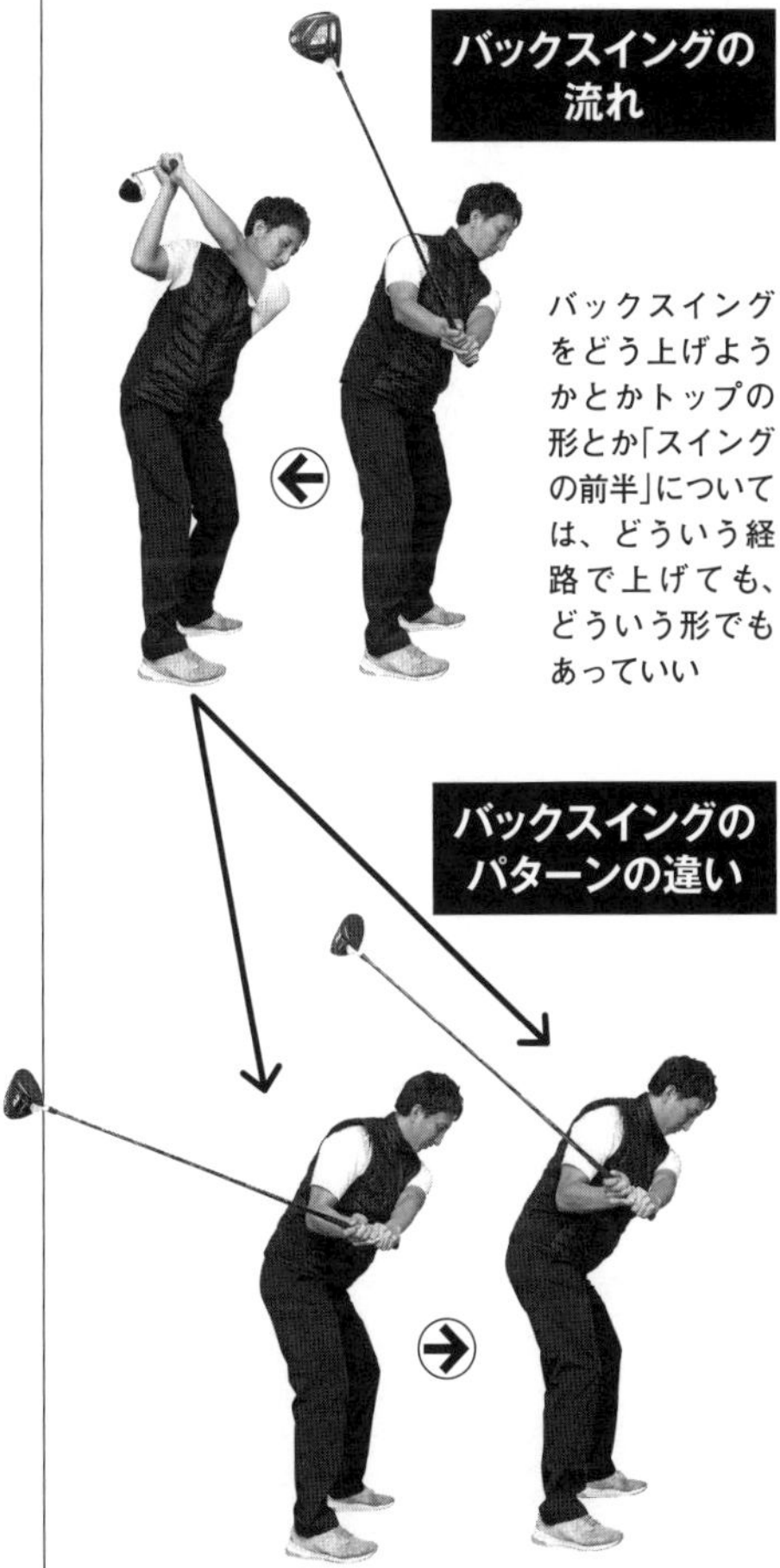

バックスイングをどう上げようかとかトップの形とか「スイングの前半」については、どういう経路で上げても、どういう形でもあっていい

クラブをどう下ろすのか。そしてどういうインパクトをつくりたいのか。そのイメージに沿った動きをつくることが大切

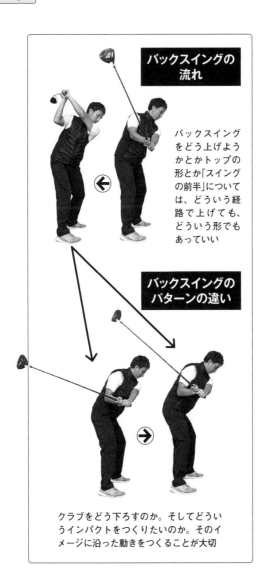

ボールのとらえ方のイメージから始まっている

「インパクトでどうボールをとらえるか」というイメージが、どう振るか、どう打つかにつながっていると思います。とくに考えていないという人もいますが、考えている人の場合、イメージは3つに分けられます。

①カラダもクラブも平行のイメージ(スクエア)

飛球線に対して平行にアドレスをつくり、インサイド・インの軌道でインパクトを迎える。基本的にストレート系のボールをイメージしているタイプです。4つに分けたパターンの中ではパターン①がこれに当てはまる場合が多いと思います。

②カラダをクローズ×クラブはターゲットに対してストレートに入れるイメージ

飛球線に対してカラダ（スタンス含め全身、もしくは肩だけなど）のラインをクローズにセットして、ターゲットに対してストレートにクラブを入れていく、あるいは、インから入れていくイメージです。ストレートに入れるならば、クラブの軌道はカラダに対してはアウトサイド・インになります。インから入れる場合は、インサイド・アウトになり基本的にドローボールをイメージしています。4つに分けたパターンの中では、パターン②と③がこれに当てはまります。

③カラダをオープン×クラブはターゲットに対してストレートに入れる

飛球線に対してカラダ（スタンス含め全身、もしくは肩だけなど）のラインをオープンにセットし、クラブはターゲットに対してストレートに入れる。4つに分けたパターンで言えば、パターン④がこれに当てはまります。

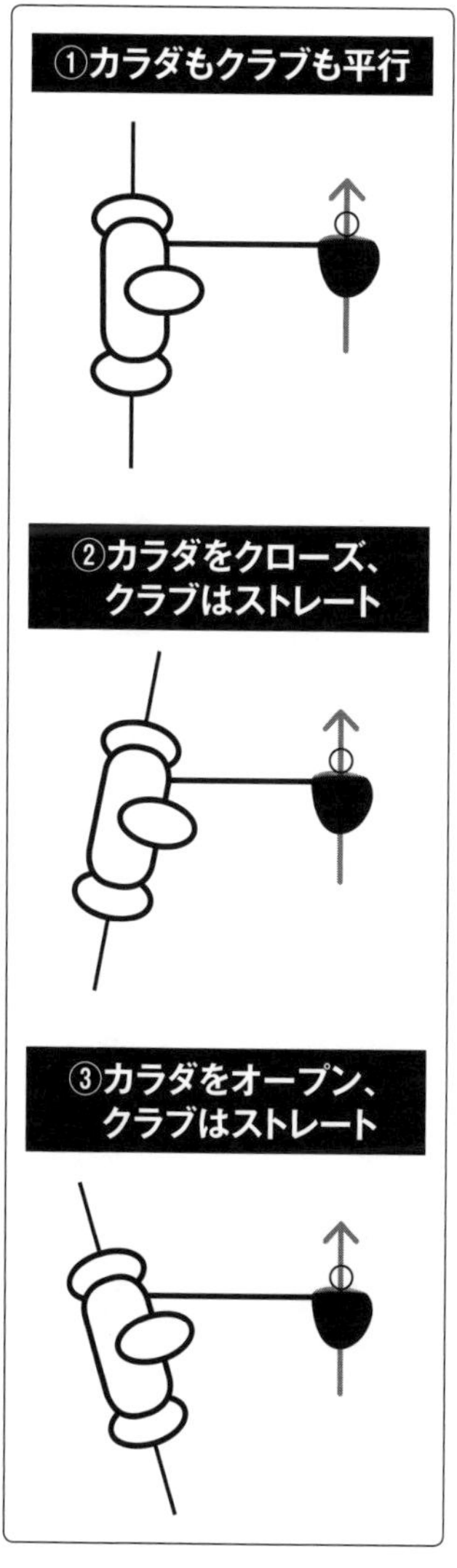

「クラブを寝かす」が×から○になってきた

トッププロたちの中に、切り返しの段階で背後にクラブを寝かせる人が多くなってきました。カラダの横にクラブを寝かせるのはキャスティングになりますから、違います。あくまでも背後です。

寝かすことで、クラブの下ろし始めの位置をインサイドにしているのです。いったん寝かせますが、カラダをどんどん回していくと、クラブは自然に立ってきます。立ってくると同時に、開いていたフェースがスクエアになってくる感覚ももてます。

寝かせたクラブが立ってくるのは、切り返しから前傾を保ったまま、骨盤の中心と胸の中心が上下の関係を保ってカラダが動いてくる場合のみです。

もし、腰を左にスライドさせて、体幹を右に倒して左肩を上げてしまうと、クラブは寝ますが、骨盤と胸の中心の位置関係がズレて、アンダーに入ってきます（154ページ参照）。ダフリますね。ダフらないとしても左右にボールが散るでしょう。

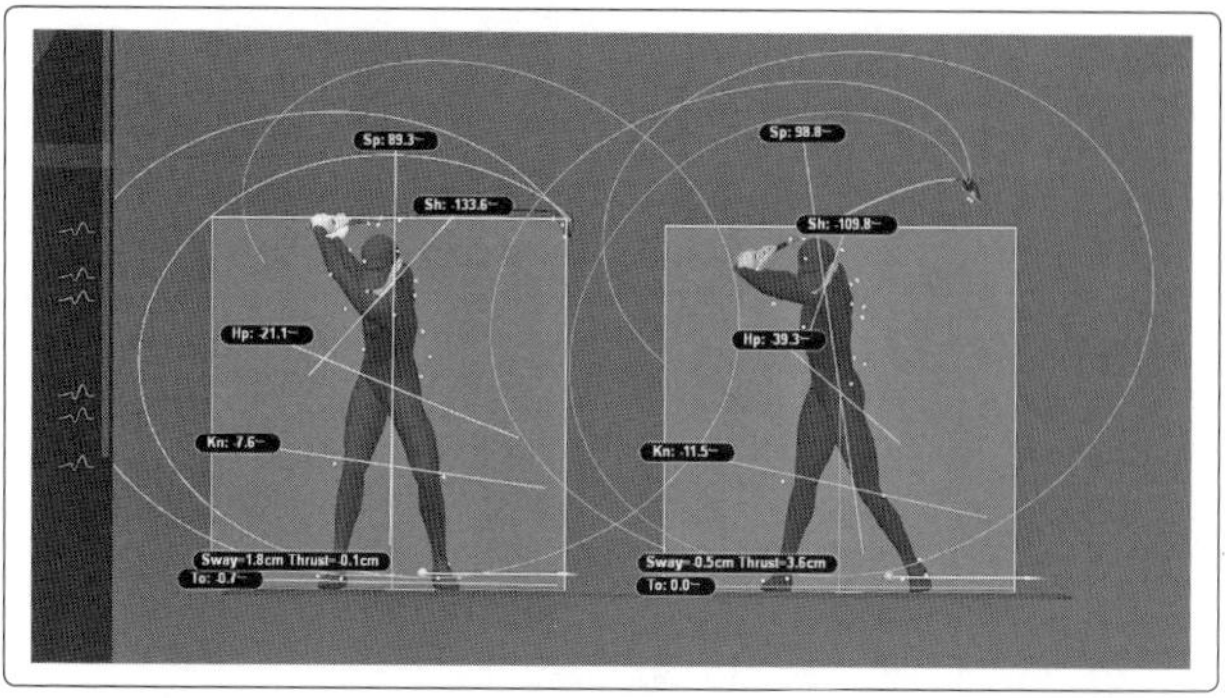

左がトッププロ。右は一般的な上級者。どちらもバックスイングの軌道よりもダウンスイングは低い位置をヘッドが通っているが、プロのほうが上昇する度合いがゆるやかだ。それだけクラブが傾いたまま全体的に落下していることを示している

トップからカラダの後ろにクラブを寝かせる動き。ダウンスイングが始まっているが右への側屈はまだ始まっていない。回転だけ。このあと、クラブを立てる動きが必要になる

トップからクラブを立てて下ろした動き。このあと、ヘッドを下ろすためにクラブを寝かす動きが必要になる

切り返しでのクラブの落下のさせ方は2通り

トップからの動き出しとして、「クラブを下に落とす」「真下に落下させる」「手を下に落とす」などという言葉がよく使われます。

測定データでわかったことは、落下の仕方は2種類に分けられるということです。

1つは、クラブを立てた状態で腕を（手を）落下させる。

もう1つは、クラブを倒して（寝かせて）クラブ全体を落下させる。

クラブを立てたまま、手を真下に落とす、というのは、ポジション4からポジション5でいわゆる「自然落下させる」というパターンです。立てているのでクラブの重さが手にかかり、それによって手は下に落ちてきます。

が、ヘッドは高い場所から落ちてきません。

しかし、クラブを寝かせながら手を落とすと、ヘッドも早い段階で低い位置まで下りてきます。クラブを自然に落下させるという言葉どおりの動きは、後者だと私は思います。

前者の場合、クラブは落ちていても、ヘッドはなかなか落ちてこないため、インパクトに向かって下ろしてこなければならないことになります。そこで、クラブを落とす＝寝かすということになります。つまり、立てたクラブは寝るのです。

逆に、はじめに寝かせたクラブは、もう寝かせる必要がないため、そこからは立ってきます。

切り返しで、トップからクラブを立てた状態で落下させるパターン

切り返しで、トップからクラブを背後に寝かせながら落下させるパターン

寝かせたクラブが立ってくるメカニズム

「クラブを寝かせる」ことと、カラダを右に倒すことを同時に行うと、クラブは寝たまま、アンダーで下りてくるしかなくなります。フェースは開いた状態ですので、「これでは球がすっぽ抜ける」と感じて一気に前腕を返して、つかまえるという動きにはマッチしてくるかもしれません。

インサイド・アウトも強くなるので、最下点が手前に来ますね。

「サムダウン」という言葉で表現される動きがあります。左手の親指を上から向こう側に倒す感覚です。

それによってシャフトを立てることができます。**寝かせたシャフトがまた、立ってくるのです。それによってインサイド・アウトを緩和できると思います。**

そして同時に、開いていたフェースをスクエアにすることができます。

「左手甲を目標やボールに向ける」や、「〝右腕が上、左腕が下〟の状態をつくる」も同じ効果を狙った動きですね。

左手甲の動きでイメージするか、親指の動きでイメージするか。さらには別の新たなイメージがあるかもしれませんが、自分のうまくいく方法を探していただければ、と思います。

シャフトを寝かせる場合、右へ側屈すると、ヘッドの軌道が理想のプレーンの下側を通ってしまう

切り返しでシャフトを寝かせたら、サムダウンや左手甲をボールに向ける動きでシャフトを立てることで、ヘッドの軌道が適切なプレーンに乗ってくる

フラットなプレーンではカラダも手も浮きやすい

長いクラブになると、スイングプレーンがフラットになります。

そうするとバックスイングであまり左への側屈の必要がなくなります。両肩の高さがほぼ同じになっている人も多いくらいです。

短いクラブの場合、プレーンがアップライトになって、トップでの手の位置も高くなってくるため、左への側屈が自然に入るのですが、長いクラブではそのような動きになりづらいのです。

この状態からダウンスイングが始まると、次第に遠心力がはたらいてヘッドが外に引っぱられるため、手の位置が浮き上がってしまいます。腕とシャフトの角度が伸ばされて、ライ角どおりに使えなくなって、フェースは右に向いてインパクトします。

シャフトを寝かせた状態のまま振っていることが原因の1つです。

パターン④の場合は、切り返しから体幹は回転し続けながら、シャフトは立てていきます。それによって左肩が浮き上がる動きが抑えられ、左ワキも締まることで、前傾角度がキープされた状態になり、結果的に手も浮かなくなり、クラブがライ角どおりに使えることになります。

インサイド・アウトのプレーンでは左肩が浮き、手の位置も上がりやすい。ドライバーのようなフラットなプレーンだとなおさらだ

シャフトを立てていく動きを加えることで腕とシャフトの角度が保たれ、手が浮かなくなる。回転し続けて前傾角を保つことで手はカラダの近くを通る

胸の中心と骨盤の中心はほぼ垂直の位置関係

　GEARSで出てくるデータをうまく選んで取り出すと、いままで見えてこなかった〝スイングの大事な部分〟が明らかになってきたりします。多くのプロがやっているのに、一般のゴルファーはまったく違う動きをしていたりするのです。

　最近注目している点は、**切り返しからダウンスイングの初期での、胸の中心と骨盤の中心がどのように動くか**、です。

　下半身始動のウエイトシフトを重視する人は、カラダが右に倒れ、骨盤が大きく左にスライドします。

　同様に、インサイド・アウトで振りたい、「ビハインド・ザ・ボール」したい、正面でボールをとらえたいなどと考えると、胸の中心と骨盤の中心は大きくずれることになります。

　パターン②や③をイメージすると、このような動きになりやすいですね。

　トッププロでこのような動きをしている人はいません。頭が傾いているケースはあって

トッププロの場合、胸（胸郭）の中心と骨盤の中心はほぼ垂直の状態を保つ。そのほうがストレートなインパクトゾーンをつくりやすいからだ。このラインを過度に倒すとインサイド・アウトの軌道で振りやすくなる

も、胸と骨盤はずれないのです。

なぜなら、パターン④の動きをするのに合わないからです。

ダウンスイングでは右に側屈が入るのですが、トッププロの側屈は、ダウンスイング中盤から後半からインパクトにかけて入ってくることが共通しています。

切り返しでいきなり右に側屈するのではなく、切り返し以降、側屈せずに回転している時間を少しつくることが必要と言えます。

ダウンスイングの前半は、右腰が少し高くなっていることも、多くのプロに共通してみられる要素です。

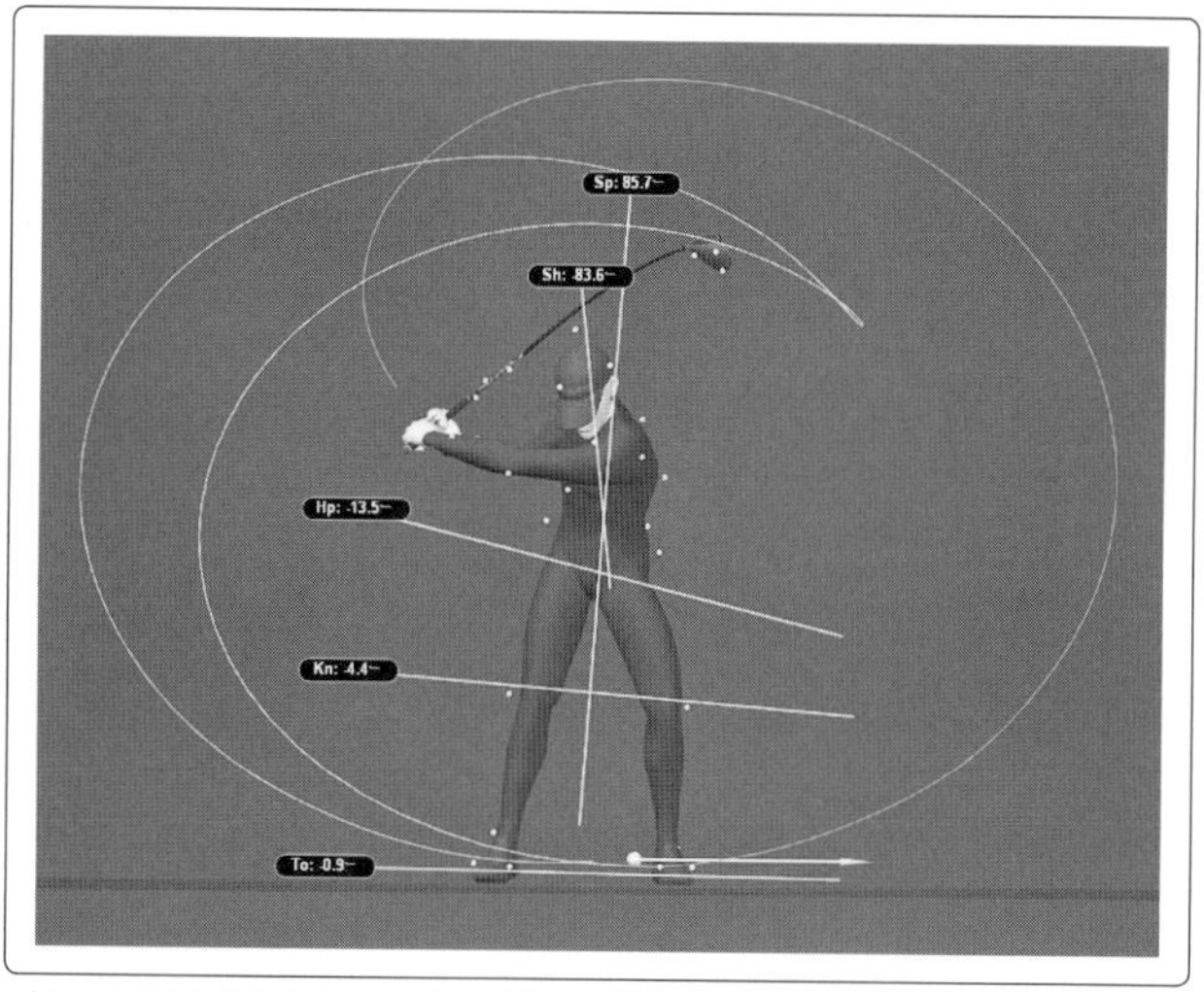

パターン④の世界ランカーは、実際にダウンスイングの初期は、むしろ上半身は左に傾くくらいになっている

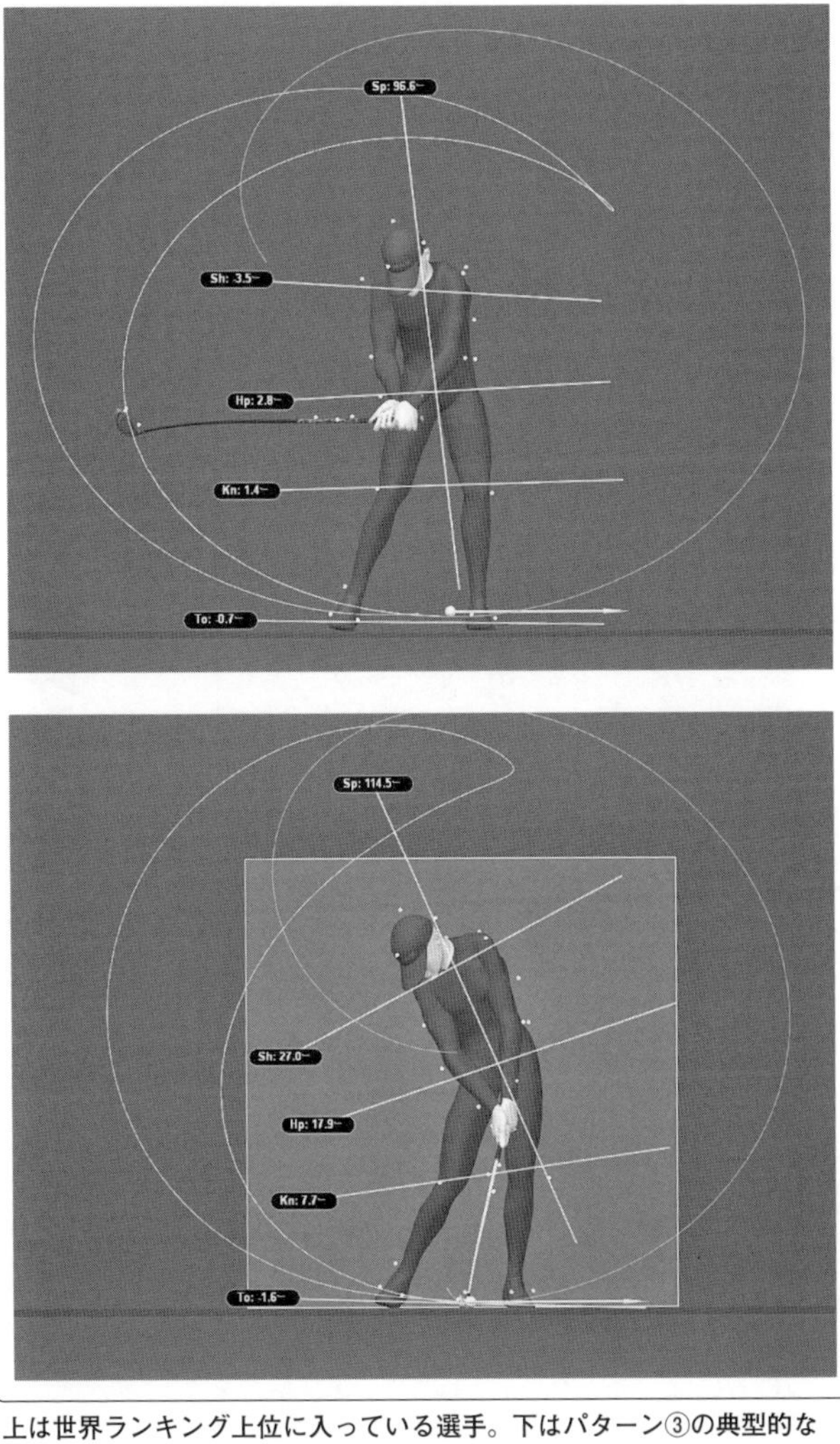

上は世界ランキング上位に入っている選手。下はパターン③の典型的な例。胸の中心と骨盤の中心の傾きがまったく違うことがわかる

時代は「シフトしてから回転」から「回転しながら伸展」へ

これまでの主流は、「バックスイングで右足に体重を乗せ、切り返しで左足を踏み込みウエイトシフト」でした。その効果は、ダウンスイングでのカラダの回転のタイミングを遅らせること。同時に下半身をスライドさせることで上半身を右に倒し、スイングプレーンをインサイド・アウトに誘導しやすくすること、最下点を左にもっていくことでした。左右に動く力で飛距離を伸ばすという理由もあったと思います。

また、下半身でダウンスイングをスタートし、下から上へと動きがチェーンのようにつながっていく「キネティック・チェーン」や、床反力を使えるなど、カラダの構造や力学的にも効率よく全身でつくるエネルギーがインパクトに乗ってくるイメージもてました。

パターン②や③の動きに合致したメカニズムだと思います。

これに対し、**パターン④は、回転から始まります。回転すると同時にウエイトは左に乗ります。そしてダウンスイング後半から伸展しながらクラブを下ろしてインパクトへ向か**

いきます。左右の動きについては、ウエイトシフトではなくプレッシャーシフトでエネルギーをインパクトに乗せていきます。

腕を振るエネルギーは小さくなりますが、カラダを意識的に止める要素がなく、全身の力をくまなく使えるため、こちらのほうが大きな力になるのです。

「シフトしてから回転」でつじつまの合うことはたくさんある。だが、インパクトが「タイミング勝負」になることは否めない

回転し、側屈、伸展の力も使って全身でインパクトに導くパターン④のスイング。インパクトゾーンの動きは限りなくストレートになる

「ハンドル」の説明は手と体幹の動きを分けて考える

「右ハンドル、左ハンドル」という表現の仕方があります。いま巷で主流なのは「ハンドルは、左↓右↓左」ですね。ハンドルなので両手の動きだと思いますが、それによって体幹も影響を受けて動くため（そしてそのときの、左右の肩甲骨の動きをハンドルに例える場合もあるため）、説明がややこしくなっています。

バックスイングでは左に側屈するので、体幹の動きとしては左ハンドル。腕の動きとしても、シャットに上げるならば左ハンドルだと思います。

ダウンスイングで右に側屈するパターンならば、体幹の動きとしては右ハンドル。同時に手の動きも右ハンドルに動かす。

そして、ダウンスイングの途中から一気に左にハンドルを切り直すので、「左↓右↓左」です。パターン②の動きですね。

パターン③、④の場合も、切り返しでクラブを後ろに寝かすので、ここではハンドルを

右に切る感覚で、両手の動きとしては同じです。

前著『ザ・リアル・スイング』では「左↓左↓左」がオススメと書きました（67ページ）。切り返しでの実際の手の動きとしては、ハンドルを右に切る（シャフトを背後に寝かす）のですが、**右への側屈よりもまず回転する（つまりパターン④）ことが大切なので、体幹の動きとしては「左ハンドル」なのです。**

同時に、「右手が上、左手が下」の状態をキープする必要があるので、手の動きとしても感覚的には「左ハンドル」としたほうがいいと考えています。

この「左ハンドル」の感覚が「寝かせたシャフトを立てる」動きにつながっていきます。

実際には、一気に左までハンドルを切るというよりは、真ん中まで戻すのが正しいのかもしれません。ですが、ダウンスイングのスピードの中でフェースが開こうとする大きな力がかかっているため、それを抑えるには、やはり感覚としては「左ハンドル」まで切ってしまうつもりがあってもいいと思います。

そしてそのまま、カラダの回転、側屈、伸展とともにクラブをインパクトまで戻してくる。ここでのハンドルは、ホールドしておくだけの感覚になります。

プロの左腕は伸びきっていない

　バックスイングからトップにおいても、ダウンスイングも、インパクトにおいても、左腕を、一生懸命伸ばそうとがんばっている人が多いですね。

　実際に多くのプロの写真を見ても、バックスイングやトップ、ダウンスイングで左腕を「伸ばしきっている」ように見えます。雑誌などでも、そのように説明されていることが多かったと思います。

　しかし、左腕は「真っすぐ伸びきってるように見えても、伸びきっていない」人もたくさんいることをGEARSが明らかにしています。

　左腕を一生懸命伸ばそうとがんばってる人、たくさんいますが、もしかしたら曲がったままのほうがリキまなくなってよくなるのかもしれません。**「少しゆとりがある状態」でスイングしたほうが、飛距離も正確性もよくなるケースは多いのです。**

　実際、最近のトッププロたちの写真を見ても、左ヒジが曲がっているパターンは案外増えてきています。

腕が伸びているように見える（右）ケースでも、「ヒジ関節の過伸展（左）」が原因で、伸びていても「ゆとりのある状態」ということが多い

インパクトゾーンで「リリース」が重視されていたころは、確かに腕が伸びているプロが多かった。最近主流となったインパクトゾーンでの腕の動きは「ホールド」の感覚が強いこともあり、ヒジが曲がっているプロが多くなってきている

ゆっくりていねいに上げなきゃいけないわけじゃない

バックスイングについて「ゆっくりテークバックしましょう」とよく言われます。日本中、ゆっくりテークバックすることがゴルフスイングでは常識、必須、真理だと思っている人があふれている気がします。

GEARSでは、スイングにかかる時間もわかります。動き始めてからどのくらいでトップに上がるのか。そしてインパクトまでは？　さらにフィニッシュまではどのくらいかかっているのか。

動き始めてから終わるまで、スイング全体にかかる時間を見ると、人によって大きなバラつきがあります。

でも、トップからインパクトまでの時間は、驚くほど、みなさん、大差ないのです。これは、不思議ですよね。もちろん、体格や年齢、性別、そして技術レベルによって違いは出ますが……。

大きく違うのはバックスイングにかかる時間です。そして、その違いが、スイングの安定度と結びついていることがおぼろげながら証明されています。**動き始めからトップまでに時間をかけすぎている人は、結果が安定しなくなる傾向があります。**インパクトに必要なスピードに達していないことがわかっていますから、どこかで急加速させようとします。それが動きの乱れを生んでしまうのでしょう。

うまい人ほど、動き始めからトップまでにかかる時間は短い。これはデータが証明しています。

紙とペンを用意し、横に真っすぐ線を書いてみてください。往復で、返りは行きの線をなぞるように。行きはゆっくり、返りは速く。行きもゆっくり、返りもゆっくり。行きは速く、返りも速く。どれが一番きれいになぞれていますか。スイングもそのパターンで行うといいと思います。

バックスイングをゆっくり上げると、ダウンスイングのどこかで一気に加速しようという動きが入りやすい傾向がある

「時間」で飛距離を伸ばすことができる!

誰でも1ヤードでも遠くへボール飛ばしたいと思っていると思います。

そのためにクラブを替えたり、シャフトを替えたりするわけです。それも1つの方法です。間違いありません。自分に合う道具を使えば、飛距離は伸びます。まさに、お金で飛距離は買えると言っても過言ではないのです。

それについては、フィッティングのできるプロショップやメーカーのラボなどを利用してください。

そうではなくて、お金かけずに飛距離を伸ばすなら……。その方法もあるのです。

バックスイングからインパクトまでに費やす時間を短くしてあげる。

バックスイングからトップ、そして切り返してインパクトまで。そこまでの時間を短くしたほうが、飛距離を出すには有利だということもGEARSのデータで出ているのです。

もちろん、例外はやはりここにもあるのですが、大多数はそうです。

時間が短い、ということは、それだけスピードが速くなっているということですから、飛距離につながるわけですね（それと比例して失敗も多くなるのがたまにきずではあります。いいことだけではありませんね）。

スピードは時間です。時間の短縮が飛距離アップに。

ただし、速く振るということは、その速さに自分のカラダの反応も合わせなければいけないということでもあります。

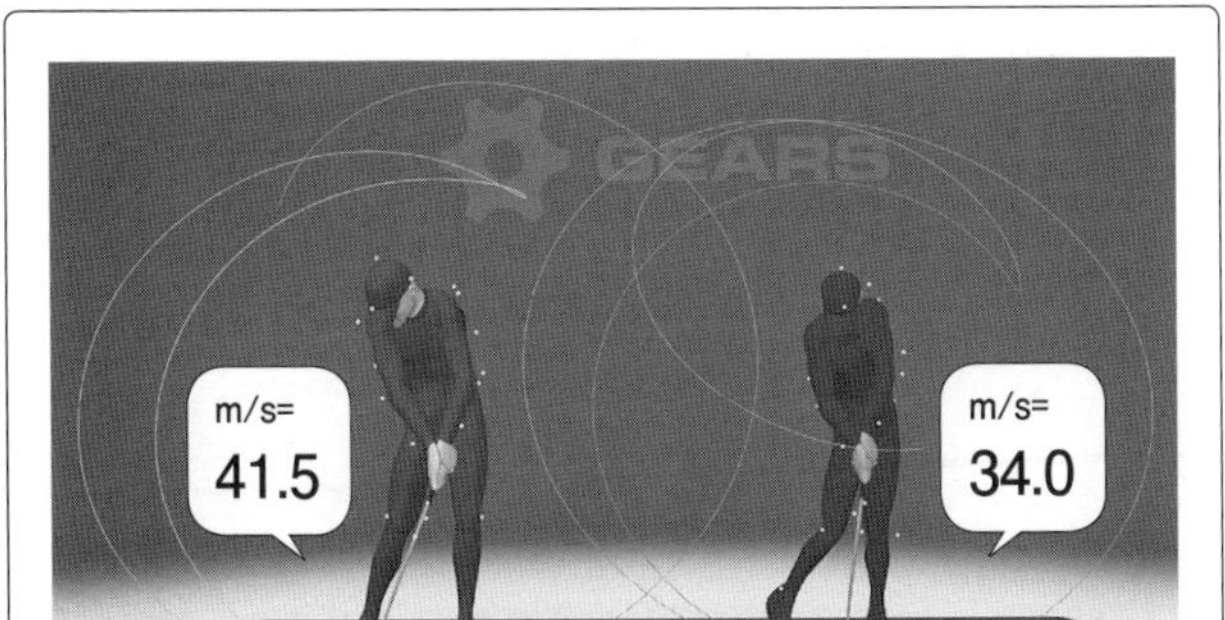

左は世界ランカー。バックスイングに0.786秒かけ、トップからインパクトは0.218秒でヘッドスピードは41.5m/秒まで上がっている。右は一般アマチュアでそれぞれ1.229秒と0.274秒で、34.0m/秒。ていねいにバックスイングを上げてもメリットがないどころか、速く上げたほうがメリットが得られることをこのデータが示している

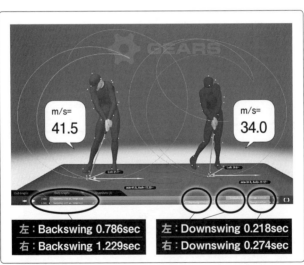

アームローテーションとトランクローテーション

ローテーションについて、もう一度説明します。

ローテーションは2通りしかありません。

パターン①と④はトランクローテーション。トランクというのは、体幹です。

パターン②と③はアームローテションを必要とします。

パターン②③のように、カラダを右に向かせた状態でインパクトする場合、カラダの回転は受身になり、腕を振ることがメインになります。

パターン①④のように、カラダを「左向け左」させる場合、胴体を回転させることがメインとなりますので腕は受身になります。

腕を振ること（ローテーションも含まれる）がメインか、カラダを回転させることがメインかに分かれるわけです。

アームローテションは、カラダを右に向けて止めておく代わりに腕をグルグル回します。

トランクローテーションは、腕を回さない代わりに胴体をクルクル回すのです。カラダにとって楽なのは、腕を回すアームローテションです。カラダを動かさない代わりに腕を回転させるので、インパクトは点でボールをとらえることになります。

トランクローテーションは、逆に胴体を回すのでカラダはつらいですが、腕を積極的に動かさなくていいので、インパクトは線でボールをとらえることになります。

フェースローテーションは腕を使ってフェースをターンさせていく技術。パターン②、③で重要な技術となり、タイミングを合わせる感覚を磨くことがカギとなる

トランクローテーションはカラダの回転、屈曲、伸展を使ってクラブを振っていく技術。腕をフルに使う感覚はなくなる代わりに、全身を使うアスレチックな能力が求められる

ウエイトシフトかプレッシャーシフトか

シフトについてももう一度、違う角度から説明しておきます。

ウエイトシフトはトップで左足にはウエイトをあまり感じません。右足に多く体重を乗せてしまうからです。

それに対して、プレッシャーシフトはトップで左足にもウエイトが乗っている感じを残しています。

これは、切り返し以降のダウンスイングでも同じです。

ウエイトシフトは、右足にウエイトはあまり感じなくなります。

プレッシャーシフトは圧を左にかけますが、その反動として、右足にもウエイトが多く乗った状態になります。

どちらも右↓左へ「動かしている」ことに変わりはありません。

どちらもありですが、軸というモノが存在するのであれば、ウエイトシフトのほうは大

きく軸ズレしやすくなりますが、プレッシャーシフトならば、軸ズレは少なくなりやすい、ということは言えます。

ウエイトシフトではトップで右足に乗るため、左足にはウエイトを感じなくなる。そこからダウンスイングでは左足に体重を乗せていかなければならない

プレッシャーシフトはトップで右足にプレッシャーを移すために、左足で地面を踏んでいる感覚が残っている。ダウンスイングでも同様だ

パターン④はイメージと実際がかけ離れる

基本的に、パターン①からパターン③の動きは、イメージどおりに動きをつくれると考えています。

それに対して、パターン④は、イメージを説明すると、16ページで紹介した写真のような動きになります。

体幹を左に倒しながらどんどん回していき、カラダが開いた状態でクラブがやっとインパクトまで下りてくる……。

トップからクラブを背後に寝かせるようにして下ろし、早い段階でヘッドを低い位置へ下ろす。あとは体幹が回転しながら側屈、伸展の動きも加えながら、インパクトゾーンを真っすぐつくってくれる。

このようなイメージで振ってやっとできあがります。

パターン④は、いままで間違いだと思っていた「カラダを開いてインパクトを迎える」

や「シャフトを寝かして下ろす」などの思い込みを外さなければ実行できないところがむずかしさの1つです。

そして、それだけでなくこのように「イメージと実際が違う」こともむずかしさの1つなのだと思います。もしかすると「イメージと実際が違う」と感じるのは、これまで慣れていた動きのパターンとまったく違うことからくる違和感に過ぎないのかもしれませんが……。

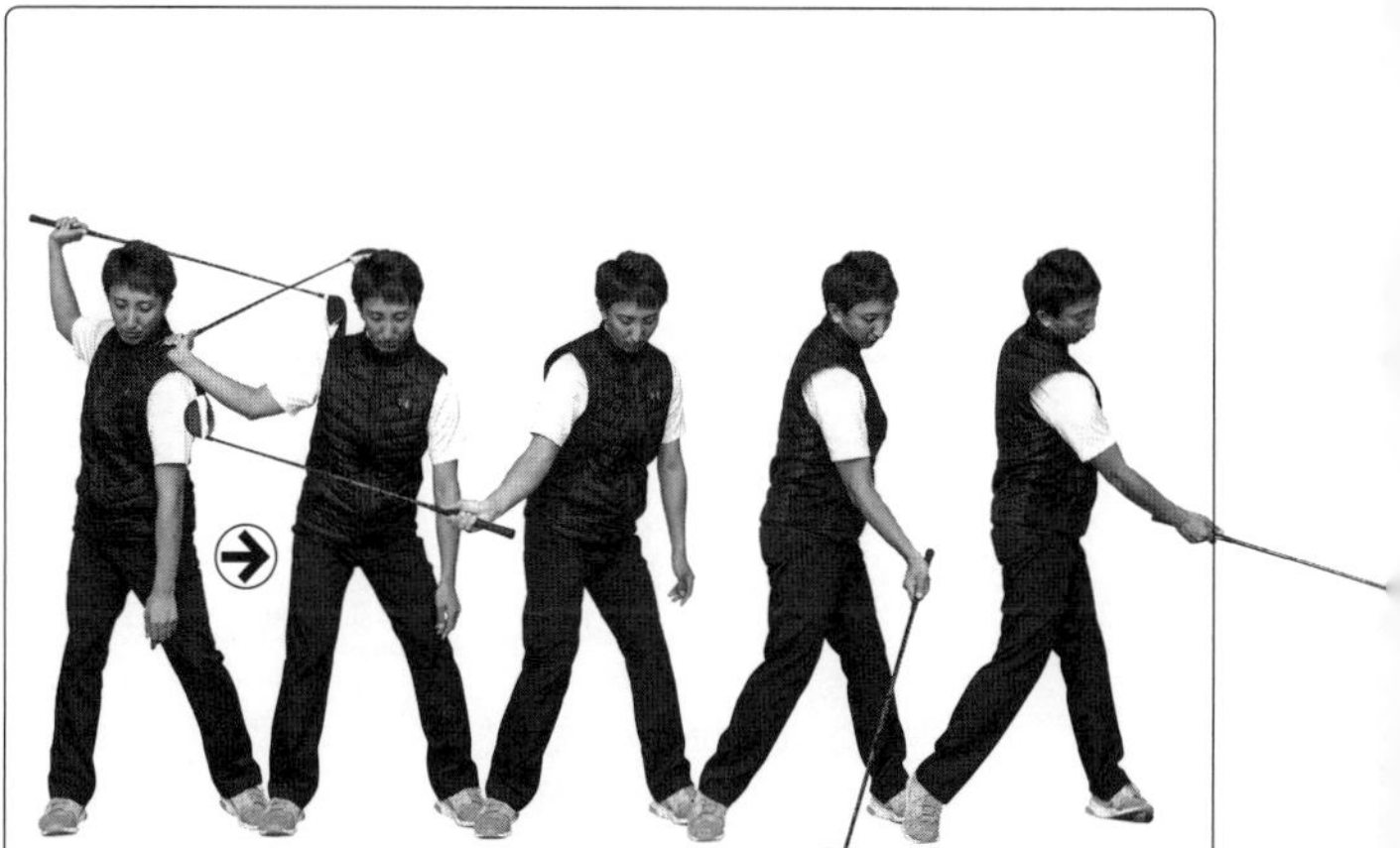

カラダをターゲットに向けた状態でインパクトを迎えるのは、テニスや野球のバッティングと共通する。それがいけないはずはない

業界激震！

科学が解明した
「ゴルフ新常識」

ザ・リアル・スイング

奥嶋誠昭＝著

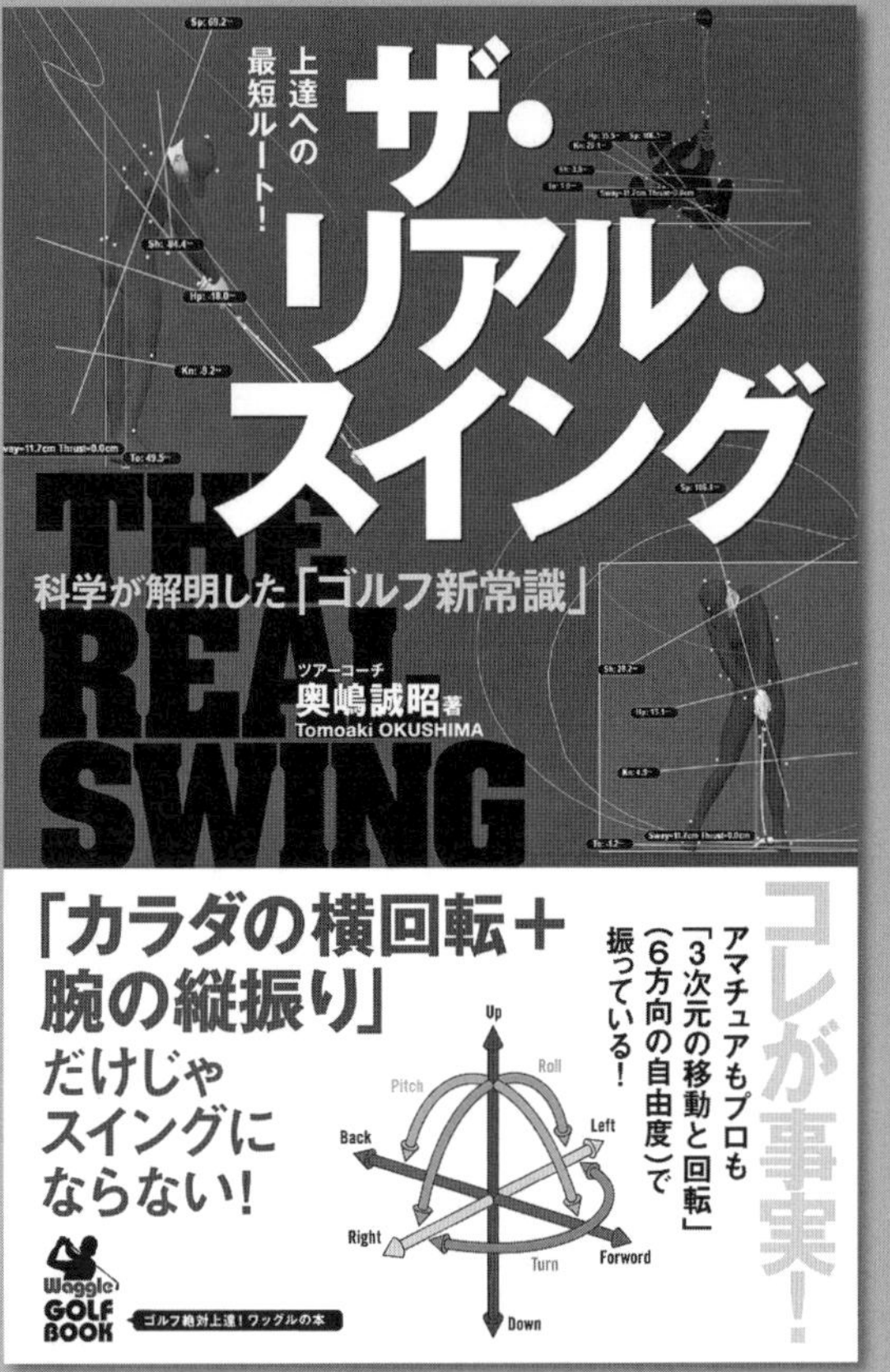

ゴルフの「常識」だと思っていることの多くは、「感覚的表現」で客観性を欠いている。
バイオメカニズムの専門用語や数値でスイングが表現されるようになってきた今、
他人に伝える方法として、感覚は相応しくない場合が多い。
科学が明らかにしたスイングの客観的な事実を本書で知れば、
スキルアップにかならず結びつく！　上達志向ゴルファー必読の書！

実業之日本社・刊
定価 本体980円＋税

好評発売中！

「カラダの横回転＋腕の縦振り」だけではスイングにならない！アマチュアも、プロも「3次元の移動と回転」（6方向の自由度）でスイングしている！

スイングについて考える人の数だけ、理論は生まれると思います。だから、どうか、すでにあるような「なんとか理論」に自分をはめこまないでください。

自分がうまく打てる、自分の組み合わせをつくることに取り組んでください。“6DoF”の動きの組み合わせです。

もう、ゴールが見えないなかで、手探りで取り組むことではなくなっています。そこまでスイングについての研究は進んでいるのです。

科学が明らかにしたスイングの客観的な事実を、誤解が発生しようのない方法で伝えるよう、今わかっていることをできる限り本書に詰め込みました！

最先端の測定システムが、ゴルフスイングの研究と指導に多数の「新常識」をもたらしました。

たとえば、GEARS（ギアーズ）は、メジャー3勝のジョーダン・スピースが「ゴルフスイングのMRIだ！」と評した、まさにこれまでは見えなかったスイング動作の“リアル”をはっきりと見せてカルテにしてくれる装置です。今まであやふやだったゴルフスイングのメカニズムが、非常に具体的に可視化され、より具体的なイメージを抱いてスイングづくりに取り組めるのです。

★6DoF（シックス・ディーオーエフ）

物体の動きは、3方向の移動に3方向の回転が加わり、合計6方向の動きで成り立っている。ゴルフスイングも同じ。「6方向の自由度」でカラダは動いている。

CONTENTS

『ザ・リアル・スイング』

著　者　**奥嶋誠昭**（オクシマ・トモアキ）

2017年に著した『ザ・リアル・スイング』（小社刊）で一躍注目を浴びる。ゴルフを科学するスタジオ「ノビテックゴルフスタジオ」（ヒルトップ横浜クラブ内）で、さまざまな世界最先端機器を駆使し、科学的かつ客観的にアマチュアからツアープロまで分析、指導を行う。スイング解析システム「GEARS」マスターインストラクター、弾道測定器「フライトスコープ」プロフェッショナル、ドクタークォン・バイオメカニクスレベル1、TPI認定ゴルフインストラクターレベル1。㈱ノビテック所属・テクニカルアドバイザー&ツアーコーチ。1980年生まれ。

ワッグルゴルフブック

ザ・リアル・スイング 最適《さいてき》スイング習得編《しゅうとくへん》

2018年7月30日　初版第1刷発行

著　者…………………奥嶋誠昭
発行者…………………岩野裕一
発行所…………………株式会社実業之日本社
〒153-0044 東京都目黒区大橋1-5-1 クロスエアタワー8階
電話（編集）03-6809-0452
　　（販売）03-6809-0495
ホームページ………http://www.j-n.co.jp/
印刷・製本…………大日本印刷株式会社

©Tomoaki Okushima 2018 Printed in Japan
本書の一部あるいは全部を無断で複写・複製（コピー、スキャン、デジタル化等）・転載することは、法律で定められた場合を除き、禁じられています。また、購入者以外の第三者による本書のいかなる電子複製も一切認められておりません。

落丁・乱丁（ページ順序の間違いや抜け落ち）の場合は、ご面倒でも購入された書店名を明記して、小社販売部あてにお送りください。送料小社負担でお取り替えいたします。ただし、古書店等で購入したものについてはお取り替えできません。

定価はカバーに表示してあります。

小社のプライバシーポリシー（個人情報の取り扱い）は上記ホームページをご覧ください。


ISBN978-4-408-33788-3（第一スポーツ）